조선의 한강,
그 곁
사람들

조선의 한강,
그 곁
사람들

초판 1쇄 인쇄 2023년 11월 13일

초판 1쇄 발행 2023년 11월 20일

—

기 획 한국국학진흥원

지은이 유승희

펴낸이 이방원

책임편집 이희도   **책임디자인** 박혜옥

마케팅 최성수·김 준   **경영지원** 이병은

—

펴낸곳 세창출판사

신고번호 제1990-000013호   **주소** 03736 서울특별시 서대문구 경기대로 58 경기빌딩 602호

전화 02-723-8660   **팩스** 02-720-4579   **이메일** edit@sechangpub.co.kr   **홈페이지** http://www.sechangpub.co.k

블로그 blog.naver.com/scpc1992   **페이스북** fb.me/Sechangofficial   **인스타그램** @sechang_official

—

ISBN 979-11-6684-271-9   94910

979-11-6684-259-7   (세트)

© 한국국학진흥원 연구사업팀, 문화체육관광부

한국국학진흥원 전통생활사총서 12

조선의 한강,
그 곁
사람들

유승희 지음
한국국학진흥원 기획

세창출판사

한국국학진흥원에서는 2022년부터 문화체육관광부의 지원으로 전통생활사총서 사업을 기획하였다. 매년 생활사 전문 연구진 20명을 섭외하여 총서를 간행하기로 했다. 올해 나온 20권의 본 총서가 그 성과이다. 우리 전통시대의 생활문화를 대중에 널리 알리고 공유하기 위한 여정이 시작된 것이다.

한국국학진흥원은 국내에서 가장 많은 민간기록물을 소장하고 있는 기관으로, 그 수는 총 62만 점에 이른다. 대표적인 민간기록물로 일기와 고문서가 있다. 일기는 당시 사람들의 일상을 세밀하게 이해할 수 있는 생활사의 핵심 자료이다. 고문서는 당시 사람들의 경제 활동이나 공동체 운영 등 사회경제상을 이해할 수 있는 자료이다.

한국의 역사는 『조선왕조실록』이나 『승정원일기』와 같이 세계적으로 자랑할 만한 국가기록물의 존재로 인해 중앙을 중심으로 이해되어 왔다. 반면 민간의 일상생활에 대한 이해나 연구는 관심을 덜 받았다. 다행히 한국국학진흥원은 일찍부터 민간에 소장되어 소실 위기에 처한 자료들을 수집하고 보존처리를 통해 관리해 왔다. 또한 이들 자료를 번역하고 연구하여 대중에 공개했다. 그리고 이러한 민간기록물을 활용하고 일반에 기여할 수 있는 방법으로 '전통시대 생활상'을 대중서로 집필하는 방식을 통해 생생하게 재현하여 전달하고자 했다. 일반인이 쉽게 읽을 수 있는 교양학술총서를 간행한 이유이다.

총서 간행을 위해 일찍부터 생활사의 세부 주제를 발굴하는 전문가 자문회의를 개최하고, 전통시대 한국의 생활문화를 가장 잘 구현할 수 있는 핵심 키워드를 선정하였다. 전통생활사 분류는 인간의 생활을 규정하는 기본 분류인 정치·경제·사회·문화로 지정하였다. 이를 기반으로 매년 각 분야에서 핵심적인 키워드를 선정하여 집필 주제를 정했다. 금번 총서의 키워드는 정치는 '관직생활', 경제는 '농업과 가계경영', 사회는 '가족과 공동체 생활', 문화는 '유람과 여행'이다.

분야마다 5명의 집필진을 해당 어젠다의 전공자로 구성하였다. 서술은 최대한 이야기체 형식으로 다양한 사례를 풍부하게 녹여 달라고 요청하였다. 특히 어디서나 간단히 들고 다니며 읽을 수 있도록 쉽게 서술해 줄 것을 부탁하였다. 그러면서도 본 총서는 전문연구자가 집필했기에 전문성 역시 담보할 수 있다.

물론 전문적인 서술로 대중을 만족시키기는 매우 어렵다. 그래서 원고 의뢰 이후 5월과 8월에는 각 분야의 전공자를 토론자로 초청하여 2차례의 포럼을 진행하였다. 11월에는 완성된 초고를 바탕으로 1박 2일에 걸친 대규모 학술대회를 개최하였다. 포럼과 학술대회를 바탕으로 원고의 방향과 내용을 점검하는 시간을 가졌다. 원고 수합 이후에는 책마다 전문가 3인의 심사의견을 받았다. 2023년에는 출판사를 선정하여 수차례의 교정과 교열을 진행했다. 책이 나오기까지 꼬박 2년의 기간이었다. 짧다면 짧은 기간이다. 그러나 2년의 응축된 시간 동안 꾸준히 검토 과정을 거쳤고, 토론과 교정을 진행하며 원고의 완성도를 높이기 위해 분주히 노력했다.

전통생활사총서는 국내에서 간행하는 생활사총서로는 가장 방대한 규모이다. 국내에서 전통생활사를 연구하는 학자 대부분을 포함하였다. 2022년도 한 해의 관계자만 연인원 132명에 달하는 명실공히 국내 최대 규모의 생활사 프로젝트이다.

1990년대 이후 폭발적으로 증가했던 일상생활사와 미시사 연구는 근래에는 학계의 관심이 소홀해진 상황이다. 본 총서의 발간이 생활사 연구에 다시 활력을 불어넣는 계기가 되기를 기대한다. 연구의 활성화는 연구자의 양적 증가로 이어지고, 연구의 질적 향상 또한 이끌 것이다. 그렇게 된다면 전통문화에 대한 대중들의 관심 역시 증가할 것으로 기대된다.

본 총서는 한국국학진흥원의 연구 역량을 집적하고 이를 대중에게 소개하기 위해 기획된 대표적인 사업의 하나이다. 참여한 연구자의 대다수가 전통시대 전공자이며, 앞으로 수년간 지속적인 간행을 준비하고 있다. 올해에도 20명의 새로운 집필자가 각 어젠다를 중심으로 집필에 들어갔고, 내년에 또 20권의 책이 간행될 예정이다. 앞으로 계획된 총서만 80권에 달하며, 여건이 허락되는 한 지속할 예정이다.

대규모 생활사총서 사업을 지원해 준 문화체육관광부에 감사하며, 본 기획이 가능하게 된 것은 한국국학진흥원에 자료를 기탁해 준 분들 덕분이다. 이 자리를 빌려 그분들께 다시 한번 감사드린다. 아울러 총서 간행에 참여한 집필자, 토론자, 자문위원 등 연구자분들께도 감사 인사를 전한다. 책의 편집을 책임진 세창출판사에도 감사드린다. 이 모든 과정은 한국국학진흥원 여러 구성원의 노력이 있었기에 가능했다.

2023년 11월
한국국학진흥원 연구사업팀

차례

조선시대 서울의 한강 들여다보기

한강에는 많은 수식어구가 붙는다. '서울의 젖줄', '한강의 기적' 등등 말이다. 그만큼 한강이 우리에게 차지하는 역할은 크다. 현재 한강에는 강변 뷰를 뽐내는 고층 아파트들이 즐비하다. 한강 변에서 자리를 깔고 즐기는 치맥은 이제 하나의 문화가 되었을 정도로 한강은 많은 사람이 즐겨 찾는 산책로이자 놀이터, 쉼터의 역할을 톡톡히 하고 있다.

지하철이나 버스 안에서 흔히 보는 한강이지만, 산책로를 따라 강변을 걷고 있으면 새삼 한강의 크기에 놀랄 때가 많다. 세계 어느 도시를 가 봐도 서울의 한강만큼 도심 한가운데를 흐르는 거대한 강은 찾아보기 힘들다. 한강의 본류 길이는 514㎞이다. 이는 서울에서 부산까지의 거리보다도 긴 수치이다. 북한의 압록강, 두만강을 제외하면 낙동강 다음으로 긴 강이다. 길기만 한가. 한강이 흐르는 면적은 26,219㎢로 이 중에 가장 넓기도 하다.

이렇게 넓고 긴 한강 주변이 거주 및 생활공간으로 본격화된 것은 조선시대부터라고 할 수 있다. 조선시대에는 지금의 한강을 '경강京江'이라고 불렀다. 그렇다고 현재 명칭인 '한강'이 쓰이지 않았던 것은 아니다. 조선시대의 '한강'은 지금처럼 강 전체를 통칭하는 이름이 아니었다. 현재 한남대교 지역을 흐르는 강인 '한강진漢江津' 주변만을 한강이라고 불렀다. 조선시대의 이러한 한강은 전국에서 도성으로 운반되는 세곡이 집결되는 거점이었다. 그뿐 아니라 군사들의 열병식 및 훈련 장소로도 이용되었다. 가뭄이 극심할 때에는 기우제를 지내는 장소이기도 했다. 한강의 지리적 이점을 이용하는 주민에게는 생업의 공간이었고, 많은 사람에게는 아름다운 경관으로 유람, 관광의 명소였다.

조선 후기에 이르러 한강 주변으로 점차 사람들이 모여 살기 시작했다. 이들은 강변 뷰를 원해서 한강을 찾은 것은 아니다. 조선시대에도 왕이 있는 도성 사대문 안으로는 인구가 몰려들어 거주할 수 있는 땅이 부족했다. 그러다 보니 자연스레 도성 밖으로 집들이 들어서서 점차 마을을 이루는 곳이 많아지게 되었다. 도성 밖 대표 지역이 바로 한강 주변인 것이다. 한강의 강줄기를 따라 새로운 촌락이 형성, 발전되자 조정에서는 이 주변으로 두모방豆毛坊·한강방漢江坊·둔지방屯芝坊·용산방龍山坊·서강방西江坊 등 5개 행정구역을 새로 만들어 지금의 서울시인 한성부漢城府에 편입시켰다. 두모방은 현재의 성동구·광진구 일대이며, 한강방과 둔지방은 용산구, 용산방과 서강방은 마포구와 용산구 일대이다.

이렇게 한강으로 몰려든 사람들은 어떻게 생활했을까. 근래에 들어서 조선시대 한강 지역의 변천에 대해서는 많은 것을 알수 있게 되었음에도 불구하고, 그곳에서 중요한 위치를 점하고 생활했던 강민江民에 대해서 여전히 잘 알 수 없는 것은 사실이다. 막연히 우리는 그들 역시 서울 사람들로 생각했다. 『조선왕조실록』이나 『승정원일기』 등 우리가 익히 알고 있는 사료에서는 서울 사람들을 도민都民·도성민·한성부 방민坊民 등으로 표현했다. 그러나 조선시대 서울 사람들은 자신들이 사는 곳을 중심으로 도성 안의 사람들을 '경민京民', 도성 밖 성 밑 사람들은 '성저민城底民', 한강 주변은 '강민' 등으로 구분했다. 그리고 이러한 명칭을 자신들의 정체성으로 인식했다. 지역의 특성으로 해당 거주민을 인식하고 구분한 것이다.

한강에 살고 있던 강민은 17세기에 이르러 새롭게 서울 주민으로 편입된 사람들이다. 신흥 서울 주민인 강민은 한강의 주요 구성원이자, 지역 경제 활동의 동력원이다. 이에 따라 강민은 한성부 도성 밖 사람들의 중심축으로 성장했다. 하지만 도성 안 사람들과 구별되는 경향이 있었다. 더욱이 한강 주변으로 재목·곡물·소금·해산물 등의 교역이 활발하게 이루어져 강민은 각종 경제 활동을 둘러싸고 도성 안 사람들과 경쟁하거나 대립했다.

이 책은 조선시대 도성 밖 사람의 주요 구성원이면서 도성 안 사람과 구별되는 강민의 존재와 생활에 관한 이야기이다. 강민 이야기에 앞서 그들의 생활 기반이었던 한강이 조선시대에서는 어떠한 위치에 있었으며, 국가 차원에서 어떻게 운영, 관리되고 있는가를 얘기해 보고자 한다. 조선시대 이야기이므로 '한강'은 '경강'이라 지칭했다. 강민과 관련해서는 조선시대 서울 사람들이 도성 안 경민과 강민으로 구분해 인식한 양상, 강민의 구성, 경제적 처지 등 서울 신흥 주민으로서의 강민의 모습을 찾아보고자 한다.

아울러 조선 후기 상품화폐 경제의 활발한 움직임 속 서울의 인구 집중, 상업 발달로 인한 소비시장의 팽창, 경제력 향상에 따른 부민富民의 형성과 빈부의 격차, 유흥문화의 발달 등의 사회변동은 서로 다른 계층 간의 접촉을 증진해 많은 범죄를 유발하는 원인이 되었다. 그 가운데에서도 물화가 풍부하고 상거래가 비교적 활발히 이루어지는 한강 주변은 다양한 이유로 많은 사건과 분쟁이 발생했다. 특히 조선 후기 강민은 서울 사람들에게 소송하기를 좋아하는 '호송지민好訟之民'으로 인식되었다. 한강에서는 경제적 이익을 둘러싼 다양한 분쟁이 제기되었고, 이는 강민 간, 혹은 경민과 강민 사이의 갈등으로 표출되었다. 이 책에서는 이에 관한 이야기도 꺼내 볼 것이다.

하지만 조선시대 한강의 모습과 그 속에 살았던 강민의 생활을 모두 살피기에는 한없이 부족하다. 이 책이 조금이나마 조선 후기 서울 안 한강의 위상뿐 아니라 강민의 삶을 간접적으로 들여다보는 계기가 되었으면 한다.

조선시대의 경강京江

성저십리城底+里로서의 경강

　조선시대 서울을 상상하는 방법 가운데 하나는 당시 한양도
성 안팎의 모습을 그린 각종 도성도都城圖를 보는 것이다. 도성
도에서는 다양한 모습의 서울을 표현하고 있다. 그 가운데 〈경
조오부도京兆五部圖〉는 조선의 서울과 경강 주변의 모습을 자세
히 그리고 있다.

　조선시대 서울의 정식 행정 명칭은 한성부漢城府이다. 일반
대중에게는 한성부보다는 '한양漢陽'이 훨씬 귀에 익는다. 지금
의 서울은 고려 시기에는 남경南京이었다. 남경은 고려 후기에
이르러 '한양부漢陽府'로 명칭이 바뀐다. 이후 조선이 건국되고,

태조 이성계가 개경에서 한양으로 도읍을 옮겨 도시를 정비할 때까지 한양이란 명칭이 사용되었다.

한양이란 지명은 큰 강을 뜻하는 '한수漢水'의 '한'과 음양의 '양陽'을 합친 것으로, 한강의 위쪽을 의미한다. 한강은 한수 외에 '경강'으로 지칭되었다. 한양을 마주하고 있다고 해서 '한양면수漢陽面水'라고도 했다.[1] 서울의 지형적 요소 가운데 한강이 차지하는 부분이 컸음은 과거 '한양'이라는 명칭을 통해서도 알 수 있다. 이러한 한양은 천도 이후 도시가 정비되는 1395년(태조 4)에 이르러 한성부로 명칭이 바뀌게 된다.

그럼 〈경조오부도〉를 통해 조선시대 서울인 한성부의 모습을 살펴보자. 지도 안의 '경조오부京兆五部'는 한성부를 가리킨다. '경조'는 서울을 의미하고, '오부'는 서울의 행정구역인 동부·서부·남부·북부·중부를 말한다. 〈경조오부도〉에서 볼 수 있듯이 조선시대 서울은 현재와는 다르게 한강 이북 지역에 한정되었다. 한양도성과 경강이 큰 테두리를 이루며 공간을 구분하고 있다.

우선 한양도성을 경계로 '서울 안(京中)', '도성 안(城中)'으로 일컫는 도성 안쪽의 모습이다. 〈경조오부도〉에서 보이는 도성 안은 사대문과 네 개의 소문으로 통하는 도로가 동서와 남북으로 연결되어 주황색 선으로 그려져 있다. 다음으로 '성저십리'라는 도성 바깥쪽의 모습이다. '성저십리'는 말 그대로 도성 밖에서 10리에 이르는 지역을 의미한다. '성외십리城外+里', '도저십리都底+里'라고도 했다. 명칭에서 '도성'이라는 기준점과 '10리'라는 지리적 거리가 함께 존재한다.

〈경조오부도〉에는 다른 도성도와 달리 성저십리 주변의 지

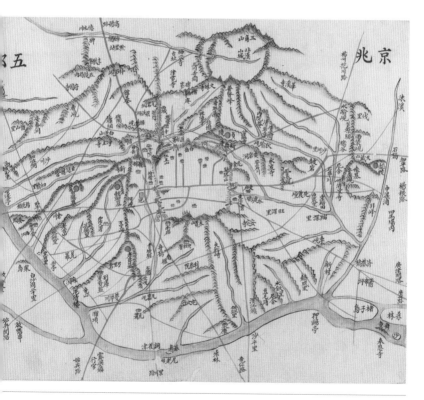

〈경조오부도〉 속 한양도성과 경강의 모습. 규장각한국학연구원 소장

형과 도로, 하천, 사찰, 동명洞名, 주요 시설 등이 자세히 표시되어 있다. 도성 안에서 돈의문(서대문), 소의문(서소문), 숭례문(남대문) 등 3문 밖으로 나온 도로는 거미줄처럼 복잡하게 서로 얽혀 고양·행주·강화·인천·시흥·과천·용인으로 가는 길과 연결되었다. 혜화문(동소문)·흥인문(동대문)·광희문 밖의 도로는 양주·포천, 가평, 양근楊根, 광진廣津, 광주廣州로 가는 길과 연결되었다.

도성을 둘러싸고 있는 산에서 발원하는 하천들이 경강으로 합류하는 모습도 볼 수 있다. 무악의 남쪽에서 흘러나와 공덕리孔德里와 동막東幕 앞을 지나 경강으로 들어가는 마포천의 모습과 와우산臥牛山과 광흥창廣興倉을 지나 서강으로 합류하는 창천倉川도 그려져 있다. 아울러 무악재에서 발원하여 서대문 밖 경영교京營橋·소의문 밖 신교新橋·남대문 밖 염초청焰硝廳·주교舟橋를 지나 경강으로 흘러 들어가는 만초천蔓草川 주변의 모습도 보인다. 동쪽의 안암천·석관천石串川이 만나 중랑포로 들어가 경강으로 합류하는 모습도 그려져 있다. 경강 주변으로는 율도栗島(밤섬)·여의도·저자도 등 여러 섬과 함께 강줄기를 따라 망원정·서강·흑석리·토정土亭·용산·동작진·서빙고·한강진·수철리 등 주요 마을이 표시되어 있다.

조선시대 서울의 울타리 역할을 했던 경강의 거대한 물줄기는 한성부 성저십리의 서쪽과 남쪽 경계였다. 조선을 건국한 태조 이성계는 도성 배후지로의 역할을 강화하기 위해서 주변의 군현을 예속시켜 성저십리를 만들었다. 이때 새 도읍지 한양의 성저십리로 예속된 군현 가운데 하나가 부원현富原縣이다. 부원현은 『고려사』 지리지에 따르면 1284년(충렬왕 10)에 양광도楊廣道 광주목廣州牧 과주果州에 소속된 용산처龍山處가 현으로 승격된 지역이다. 이후 1394년(태조 3)에 이르러 부원현은 행주幸州에 소속되었다가 한성부로 편입되었다.[2]

성저십리로 편입된 부원현은 남대문과 서소문 밖에서부터 서강, 흑석리, 용산, 한강진漢江津에 이르는 지역으로, 오늘날의 한강 주변이다. 『신증동국여지승람新增東國輿地勝覽』에는 부원현을, 없어진 군현인 '폐현廢縣'으로 기록하며, "지금은 성저십리로 한성부에 소속되었다"라고 부연 설명을 했다. 김정호가 편찬한 『대동지지大東地志』에는 한성부의 옛 고을(古邑)로 부원현을 기록했다. 부원현이 어느 시점에 한성부로 편입되었는지는 알 수 없다. 다만 추측해 보자면, 1395년(태조 4) 6월 6일 한양부가 한성부로 명칭이 바뀌고 한양부의 아전과 백성들이 현재 경기도 양주 지역인 견주見州로 이주했다. 그리고 일주일 뒤 한성부 성저십리의 예에 따라 개성유후사開城留後司의 영역이 조정되었다. 이때 부원현 역시 한성부 성저십리로 편입된 것이 아닌가 생각된다.

이러한 한성부 성저십리의 범위는 동쪽으로는 양주 송계원

松溪院과 대현大峴이며, 서쪽으로는 양화도楊花渡와 고양 덕수원德水院이다. 남북의 경계는 남쪽은 한강·노량진에 이르는 지역이며, 북쪽은 삼각산(북한산)이다. 동쪽 경계인 송계원은 정부에서 주요 교통로의 길목에 세워 운영하던 여관의 하나이다. 이 원이 위치한 마을이 현재의 서울 중랑구 묵동 일대인 송계동松溪洞이다. 이곳은 주변으로 태릉泰陵·강릉康陵·동구릉東九陵 등 왕릉이 위치해 능행 시 왕이 잠시 머물며 점심을 먹는 주정소晝停所로 이용되었다. 대현은 경강 인근 수철리水鐵里 지역의 고개로, 현재 성동구 금호동 1가에서 옥수동으로 넘어가는 곳이다. 주위의 여러 고개 가운데 가장 컸기 때문에 주민들은 '큰고개', 대현이라 했다. 이곳에는 솥과 각종 농기구 등을 만드는 야장冶匠이 모여 살아 무쇠막·무수막·무시막 고개로도 불렸다.[3]

그런데 한 가지 궁금증이 생긴다. 과연 '성저십리'가 말 그대로 도성에서 10리 떨어진 지역이었을까. 결론부터 말하면 꼭 그런 것은 아니다. 동쪽 양주 송계원의 실제 거리는 10리가 넘었다. 송계원과 도성 간의 정확한 거리는 알 수 없지만, 인근의 송계교가 중랑포中梁浦 가까이에 있다. 중랑포는『신증동국여지승람』에 의하면 도성에서 동쪽으로 15리 떨어져 있으며,『동국여지비고』에서는 도성 동쪽 13리 지점이었다. 따라서 송계원은 적어도 도성 밖 13리가 넘는 지역에 위치한다고 할 수 있다. 큰

고개, 대현이 있는 수철리도 경강 두모포豆毛浦 바로 인근에 있으므로 이를 통해 거리를 살펴보면, 도성에서 동남쪽으로 5리 떨어진 지역이다.

성저십리의 서쪽 경계인 양화도는 도성과의 거리가 10리이다. 덕수천德水川 남쪽에 있는 덕수원의 경우 덕수천이 고양군 동쪽 10리 지점에 있으며, 고양군의 위치가 도성과는 37리 거리이므로[4] 서울과 약 27리 떨어진 지점에 있다고 추정할 수 있다. 덕수원이 성저십리의 범위에 들어간 이유는 삼각산(북악산)의 사례에서 짐작해 볼 수 있다. 덕수천은 도성과 30리 떨어진 삼각산과 평행한 위치에 있다. 삼각산과 도성 간의 거리는 30리이다. 하지만 이는 사람들이 통행하는 거리일 뿐, 도성 북쪽에서 삼각산 밑 직선거리는 10리가 채 안 되었다. 숙종 대 한성부는 삼각산의 금산 관할권을 두고 양주와 대립하는 과정에서 삼각산을 '직선거리 10리'로 정해 성저십리 지역으로 파악했다.[5] 이를 통해 보면 덕수원 또한 서울과 약 27리 떨어진 지역이지만 직선거리를 이용해 성저십리의 경계가 된 것으로 볼 수 있다.

성저십리의 남쪽 경계인 한강의 경우 『신증동국여지승람』에 의하면 조선 도성에서 남쪽으로 10리 되는 거리에 있다고 한다. 노량 또한 도성 남쪽 10리 되는 곳에 있어 두 지역 모두 도성 남쪽 10리 지점에 있음을 알 수 있다.

이처럼 조선시대 성저십리는 도성을 중심으로 그 주변에 자리한 하천·강·산의 능선을 경계로 삼았다. 도성 밖 10리를 한계로 했지만, 직선거리와 실제 통행 거리가 혼용되어 10리가 넘거나 안 되는 곳도 있었다. 특히 조선 초 성저십리의 특징은 그 경계에 모두 여관인 원院이나 나루터가 위치해 한성부로 들어오는 주요 교통로를 기점으로 삼았다고 할 수 있다. 동쪽 경계 송계원은 동대문을 나서 가평·양근으로 가는 길목이며, 북서쪽 경계 덕수원은 고양로로 이어져 개성·의주로 가는 길목이다. 남쪽 경계인 한강과 노량은 각각 용인으로 가는 길과 시흥으로 가는 길이며, 서남쪽 경계인 양화도는 서소문을 지나 인천간로仁川間路로 가는 지점이었다. 아울러 한성부 인근 군현과의 접경이기도 했다. 노량은 과천현과 경계를 이루는 지역이었으며, 양화도는 양천현과의 경계였다.

서울의 강, '경강'

조선시대 경강은 전국 군현에서 거둔 세곡과 군량미가 수송, 집결되는 장소였다. 진상품으로 마련된 물품이나 목재, 소금, 해산물 등의 운반 및 교역도 이루어졌다. 용산과 저자도楮子

島는 국가의 주요 기우제 장소였다. 경강 그 자체는 도성을 보호하는 방어의 요충지였다. 따라서 조선 정부는 국초부터 여러 포구에 병선兵船이나 조선漕船 등을 배치했고, 진졸津卒을 두어 불시의 환란에 대비했다. 이곳에 거주하는 강민에게는 충청도, 경상도, 전라도의 삼남에서 올라오는 세곡의 운반을 맡겨 생업으로 삼도록 했다.

오늘날 한강을 경강으로 부른 사례는 『조선왕조실록』에 의하면, 1414년(태종 14) 전라도全羅道 수군도절제사水軍都節制使 정간鄭幹이 삼남 지방의 조운에 관한 사항을 왕에게 보고하는 데서 처음 등장한다. 그는 전라도의 선군船軍이 매년 네 차례의 조운으로 농사 시기를 놓치므로 조운할 때마다 진포鎭浦에서 충청도 선군과 교체하여 경강으로 수송하는 방안을 병조에 요청했다. 이때 정간이 말한 경강은 지금의 한강을 의미한다.

조선 전기 경강이란 호칭은 조운제의 운영, 공사公私 물류 및 교역의 거점, 건설용 재목의 집하장, 세곡의 최종 종착점, 군사 훈련 및 산천제의 장소 등 도성 배후 하천으로서 강의 역할을 드러낼 때 사용되었다. 즉, 조선시대에는 국가의 공적 기능을 담당하는 오늘날 한강을 말할 때 경강이라고 불렀다.

이처럼 조선 초기부터 도성에서 10리도 되지 않는 아주 가까운 거리에서 강의 공적 역할이 강화됨에 따라 현재의 한강은 '서울의 강' 즉 '경강'이라는 이름으로 불렸다. 이는 고려시대와는 다른 양상이었다. 고려 역시 도성 인근에 예성강이 있었다. 하지만 조선의 한강처럼 '경강'으로 불리지는 않았다. 조선시대 한강이 공적 및 사적 수요에 부응하는 물류의 핵심을 이루었기 때문에 고려와 달리 '서울의 강', 즉 경강이라 불렸다고 할 수 있다.[6]

민간에서는 경강을 수계水系의 주요 중심지를 근거로 3강, 5강, 6강, 8강, 12강 등으로 다양하게 지칭했다. 경강은 조선 전기부터 용산강, 서강, 한강을 3강으로 지칭했다. 이는 경강이 일찍부터 국가의 관리하에 3강 주변으로 조세, 공물 등 각종 물류를 하역, 보관하는 시설이 마련되었기 때문이다. 1396년(태조 5)에 경강의 두모포와 둔지산 산기슭에 얼음을 저장하는 동빙고와 서빙고를 세웠으며, 1413년(태종 13)에는 용산에 84칸의 군자감軍資監 강창江倉을 신축하고, 서강에 70칸의 풍저창豐儲倉 창고를 건설했다. 용산과 서강에 창고를 지은 이유는 한양으로 들어오는 모든 배의 최종 정박지였기 때문이다. 용산은 경상도, 강원도, 충청도, 경기도 상류의 조운이 모두 모이는 곳이며, 서강에는 황해도, 전라도, 충청도, 경기도 하류의 세곡 수송선이 모두 모였다. 아울러 용산 주변으로는 서울 사람들이 장례에 쓸 관곽棺槨과 물품을 조달하는 귀후소歸厚所와 벽돌이나 기와를 제조해 판매하는 와서瓦署가 자리 잡았다.[7]

3 개화기 마포 나루터의 모습, 국사편찬위원회

서 주변으로 배들이 정박해 있는 모습과 강변으로 빽빽하게 자리 잡은 마포 주민들의 가옥도 살펴볼 수
왼쪽으로 보이는 작은 섬은 밤섬이다

　따라서 3강에는 경강 주변 국가시설의 운영을 위해 필요한
사람들이 거주했다. 특히 귀후소·군자감 강창·와서·풍저창 등
이 용산과 서강 주변에 있었기 때문에, 이 지역을 중심으로 일
찍부터 촌락이 형성되었다. 1474년(성종 5) 호조의 조석문曺錫文
과 이극증李克增은 조운선의 정박을 논의하는 과정에서 용산 주
민이 많으므로 세곡을 내릴 때 무뢰배에 의해 곡물이 도둑맞을
위험이 크다고 지적했다. 중종 대에는 이 지역에 화재가 자주

발생해 수십 호의 민가가 소실되는 일이 많았다. 1515년(중종 10)에는 화재로 인해 30여 가호에 불이 번져 소실되었다. 1525년(중종 20)에도 40여 호가, 1532년(중종 27)에는 28호, 1539년(중종 34)에는 60여 호 등 용산에 화재가 계속 발생해 이로 인한 재산과 인명 피해가 심했다. 더욱이 용산의 경우 1515년에 이미 한성부 5부의 관리하에 있었다. 화재로 집이 소실된 주민에게 쌀을 지급하는 과정에서 이 지역이 5부 가운데 서부에 편입되었음을 알 수 있다. 서강의 경우 1505년(연산군 11) 연산군이 주민 100여 호를 쫓아내고, 광흥창을 금표禁標 밖으로 옮기게 한 것에서 이 지역에 100호 이상의 가호가 거주했음을 알 수 있다.

이처럼 용산, 서강 등 3강에 조선 전기부터 사람이 모였던 것은 용산에 군자감 강창이, 서강에 풍저창 창고가 있어 이것의 관리 및 수호에 많은 인력이 동원되어야 하기 때문이었다. 더욱이 용산과 마포에는 사재감司宰監이 주관하여 배를 제작하는 조선장造船場이 있어 병선兵船을 만드는 선장船匠과 목수가 거주했다. 마포 강변에는 질그릇을 굽는 옹기마을이 형성되어 도공들이 무리를 이루며 살고 있었다. 조운선의 종착지로, 세곡이나 선상이 싣고 오는 물건을 운반하는 인부들도 살고 있어 조선 초기부터 3강에는 강민이 마을을 이루며 거주했다.[8]

경강과 같이 도성과 지방을 연결하는 강에는 배가 들어와 모이는 나루터의 역할도 중요했다. 경강의 경우 길이가 길고 면적이 넓었기 때문에 주요 길목에 있는 나루터를 중심으로 강을 구분했다. 19세기 강준흠姜浚欽이 한양의 풍물을 노래한 「한경잡영漢京雜詠」에서 "한강은 강릉의 오대산에서 발원하여 서쪽으로 500리 흘러 한양의 동남쪽 두모포에 이르러 한강도漢江渡가 되고, 서쪽으로 노량진이 되고 용산강이 되고 서강이 된다. 행주幸州에 이르러 바다로 들어가니, 실로 한양의 동·서·남 3면을 감싸 안는다. 배가 들어와 모두 모이는 곳이 오강이요, 다른 나루에는 가지 않는다"라 했다. 이를 통해 보면 오강은 다섯 곳의 나루를 중심으로 한 경강을 통칭하는 것으로 두모포·한강도·노량진·용산강·서강 일대를 가리킨다고 할 수 있다.[9]

오강 가운데 두모포와 노량진은 강물이 맛있기로 이름난 곳이다. 경강의 물 가운데에서도 강심수江心水는 임금이 마시는 어수御水로 애용되었다. 서울의 동서를 가로지르며 흐르는 경강의 발원지를 『신증동국여지승람』에서는 오대산의 '우통수于筒水'로 기록하고 있다. 우통수는 강릉도호부 서쪽 150리에 있다. 오대산 서대西臺 밑에 솟아나는 샘물로 한수漢水의 근원이라고 한다. 허목許穆의 『기언記言』 「오대산기五臺山記」에는 우통수를 오대산 서대의 신정神井에서 나오는 샘물이라고 했다. 화랑들이 다도를 즐기며 노닐던 한송정寒松亭의 선정仙井과 함께 영험이 있는 샘물로 알려져 있다. 권근 역시 오대산 서대에 있는 수정암水精菴 중창기에서 우통수의 물 빛깔과 맛이 다른 물보다 훌륭하며 물의 무게 또한 무거워 한강은 여러 곳에서 흐르는 물이 모였으나 우통수의 빛깔과 맛은 변하지 않는다고 했다.[10] 이런 이유로 우통수가 흘러 한강으로 들어온 물을 한중수漢中水, 강심수江心水라고 했다.

우통수가 나오는 샘은 신의 우물(神井)이라고 할 정도로 물맛이 좋고 효험도 높았다. 정조는 가슴이 막히는 증세 때문에 강심수를 즐겨 마셨다. 능행할 때 마시는 차 역시 강심수로 끓였다. 이러한 강심수는 조선시대에 담벽증痰癖症에 효능이 있는 것으로 알려졌다. 담벽증은 마신 물이 몸 안에서 흩어지지 않고 가슴에 있다가 담痰이 되었기 때문에 생긴 병이다. 정조 역시 담증의 치료로 강심수를 두호豆湖나 노량에서 길어 왔다. 두호는 중랑천과 한강이 합류해서 넓어지는 곳을 지칭한다. 그래서 쌍호雙湖라고도 했으며, 동호東湖라고도 불렀다.[11] 담벽증을 앓고 있는 대신들 역시 임금에게 허락을 구하고 강심수를 마시기도 했다.

강심수는 임금에게 진상하는 물품이었다. 그러므로 별도로 배를 만들어 배치해서 물을 긷는 데 이용했다. 정조는 강을 통해 세곡을 서울로 운반하는 충주의 참선站船 1척을 노량진에 떼어 주어 강심수를 긷는 데 사용하도록 했다. 하지만 매일 새벽마다 두호에서 강심수를 길어 오므로 물을 퍼 오는 사람들의 수고를 생각해서 정조는 강심수의 공급을 중단시키기도 했다.[12]

조선 후기의 경강, 8강八江

조선 후기에 이르면 경강은 주로 8강으로 표현되었다. 18세기 후반 강 주변에 거주하는 강민은 자신들의 생업을 유지하는 경강을 8강으로 지칭했다. 1768년(영조 44) 인천에서 서강으로 이사한 이규상李奎象이 지은 「강상설江上說」 속 내용을 잠시 소개하고자 한다.

> 강사람(江人)은 '팔강'을 칭하는데 동으로 두모포에서 시작하여 뚝섬(纛島)·서빙고·새남터(塞藍壚)·용산·마포·서강·덜머리(加首)를 말한다. 그 사이 동강東江에는 송파강松坡江이 있고 삼전도가 있으며, 남강南江에는 동작강銅爵江이 있고 한강과 노석강露石江이 있다. 서강西江에는 양화진이 있고 양화진 아래는 행주로, 웅마외熊馬隈와 조강祖江을 지나 바다로 들어간다. 서강에는 밤섬(栗島)

과 여의도가 있다.[13]

이규상이 서강에 살게 된 계기는 아버지 이사질李思質이 인천 부사를 마지막으로 관직 생활을 마무리하면서 능운군綾雲君 구성필具聖弼의 별장인 복파정伏波亭을 빌려 거주했기 때문이다. 당시 이규상은 과거를 준비하는 선비였다. 「강상설」은 그가 아버지와 함께 복파정에서 살면서 서강에 거주하는 강민에게 전해 들은 경강의 지리·누정樓亭·물고기·배·풍속·촌락 등을 기록해 산문으로 쓴 것이다.[14]

이에 따르면 서강 사람들은 경강을 8강으로 나누어 표현했다. 당시 강민이 말하는 8강은 두모포·뚝섬·서빙고·새남터·용산·마포·서강·덜머리이다. 『만기요람』에는 경강 지역의 좌우 포도청 순라 구역이 좌포청 6강, 우포청 6강인 12강으로 표현되어 있다. 우포청 6강은 서빙고·용산·마포·서강·망원정·연서이며, 좌포청 6강은 한강·두모포·뚝섬·왕십리·안암·전농이다. 경강 주변 지역이 아닌 연서·왕십리·안암·전농을 제외하면 8강은 서빙고·용산·마포·서강·망원정·한강·두모포·뚝섬이다. 앞의 이규상이 제시한 8강과 비교하면 '새남터와 덜머리' 대신 '망원정과 한강'이 포함되었다.

서울 양화나루와 잠두봉 유적, 국가문화유산포털

　　이규상이 말한 덜머리는 양화진 동쪽 강변에 우뚝 솟아 있
는 누에머리 모양의 잠두봉蠶頭峯이다. 가을두加乙頭, 용두봉龍頭
峰으로도 불렸다. 잠두봉 바로 위의 지역이 망원정이므로 덜머
리를 망원정 부근으로 볼 수 있다. 새남터는 용산과 노들나루
사이에 있는 모래사장이다. 사남기沙南基라고도 한다. 이곳은
무녀들이 죽은 사람의 혼령이 극락에 이르도록 길을 열어 주는
굿인 지노귀새남을 하던 터이다. 19세기 천주교가 조선에 유포

되었을 때에는 사학邪學 죄인이었던 천주교 신자들의 처형 장소이기도 했다.[15] 주변에 훈련도감 별영창別營倉이 위치해 군병의 급료를 지급하는 읍청루揖淸樓가 있으며, 경강 변 명승지로 꼽혔다. 이 지역의 경우 만초천의 물줄기가 용산으로 흘러 들어가는 곳이기 때문에 8강으로 지목되었는지는 모르지만, 『만기요람』의 분류와 차이를 보였다.

1867년에 반포된 『육전조례六典條例』에서는 8강을 뚝섬, 서빙고, 신촌리新村里, 용산, 마포, 토정土亭, 서강, 망원정으로 규정했다. 여기에서는 이규상이 말하는 두모포가 없는 대신 신촌리와 토정이 포함되었다. 두모포는 경강과 중랑천이 만나는 곳으로 두 물이 만났다 하여 두물개, 두뭇개로도 불렸다.

이규상은 8강 외에도 경강을 동·서·남으로 구분하여 동강·서강·남강으로 표현했다. 송파·삼전도 부근을 동강으로, 한강진·동작진·노량진 일대를 남강으로, 용산에서 양화진 일대를 서강이라 했다. 이규상이 말하는 경강의 범위는 동으로는 송파강에서 서로는 양화진까지였다.

조선시대 경강의 범위는 대체로 양화진에서 광진까지의 구간으로 파악한다. 하지만 조선시대 각종 도성도 속에 그려진 경강의 범위는 지도마다 조금씩 달랐다. 경강의 범위를 양화진에서 광진으로 한정한 것은 〈한양도〉, 〈경성도京城圖〉뿐이다. 〈자

도성지삼강도自都城至三江圖〉, 〈한성전도漢城全圖〉에서는 선유봉 앞 강줄기에서 광나루 동쪽 한강인 독포禿浦까지다. 〈도성도〉(《광여도廣興圖》), 〈도성〉(《여지도輿地圖》)에서는 망원정에서 두모포를 지나 살곶이다리까지로 한정해서 그리고 있다. 〈경도京都〉(《해동지도海東地圖》)에서는 양화진에서 송파진까지, 〈경조오부도〉, 〈경조전강도京兆全疆〉, 〈도성삼군문분계지도〉에서는 서로는 북부 수생리에서 성산리, 망원정을 지나 동으로 저자도, 살곶이벌(箭串坪)까지로 한정했다. 《동국여도東國輿圖》와 《선역지도鮮域地圖》의 〈도성도〉에서는 양화진에서 두모포, 살곶이다리까지를 도성 앞 경강의 범위로 그리고 있다. 이로써 보면 고지도 속에 나타난 경강의 범위는 넓게는 수생리에서 광진까지, 좁게는 양화진에서 광진로, 송파로의 분기점인 살곶이다리로 한정하고 있음을 알 수 있다.

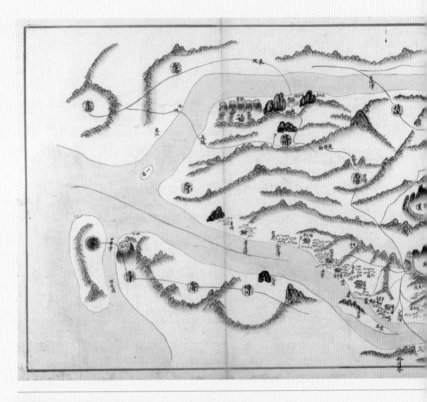

《동국여도東國輿圖》〈경강부임진도京江附臨津圖〉, 규장각한국학연구원 소장

경성을 배후지로 하여 발달한 경강의 모습을 볼 수 있다. 뚝섬·두모포·한강진·한강·서빙고·동작진·노량·
용산·마포·흑석·서강·토정·양화진 등 마을의 모습과 나루 및 각종 포구, 창고를 자세하게 그렸다

京江附臨津圖二貼

경강의 이원적 관리

경강 주변 촌락은 한성부 5부의 행정 체제에 있는 도성 안과는 차이가 있었다. 조선시대 사람들에게 한성부는 도성 사대문으로 둘러싸인 공간에 한정된다는 인식이 강했다. 경강의 촌락들이 한성부 오부방제五部坊制의 행정 체계에 포함되었지만, 여전히 '도성 안 5부(城中五部)', '서울 안 5부(京中五部)'로 표현되어 도성 안이 강조되었다. 서울 사람들을 '도하지민都下之民', '도하방민都下坊民'과 '연강지민沿江之民', '강상지민江上之民' 등 '도성 안'과 '경강 주변'으로 구분하는 표현도 이와 무관하지 않다.

국가의 관리 역시 도성 안과 경강이 균일하게 적용되거나 운영되지 않았다. 숙종은 다섯 집을 한 통統으로 만드는 오가작통五家作統 조직을 이용해 강도와 절도의 피해를 막고, 마을 주민이 다른 곳으로 이주하거나 흩어지는 일을 방지하고자 했다. 아울러 주민의 풍속을 교화하고 호적을 작성하는 데 빠지는 사람이 없도록 하고자 했다. 그러나 오가작통 조직은 도성 밖 경강 지역에서는 시행되지 않았다. 1689년(숙종 15) 서강 옹막 근처에는 흉년이 아님에도 불구하고 무리를 이루어 절도를 자행하는 도적들이 많았다. 붙잡힌 도적들은 호적에 들어 있지 않았으며, 호패도 없었다. 이에 목래선睦來善은 도적의 피해가 많은 서강의 옹막 근처에 오가작통제를 시행하자고 주장했다. 당시 서강에 거주하는 양반들은 자신들의 신분이 양반임을 강조하며 오가작통 조직에 들어가려 하지 않았다. 강민 역시 이를 추진하는 한성부의 명령이 없었기 때문에 오가작통을 조직하지 않은 상태였다. 따라서 숙종은 「오가작통사목」을 무시하는 자에 대해서 특별히 처벌하고 한성부 전 지역에 오가작통제를 시행하도록 지시했다.[16]

박제가 또한 그의 저서 『북학의北學議』에서 "도성 몇 리 밖은 풍속이 이미 시골 같다"라고 하여 도성 안과 달리 도성 밖은 시골티가 나는 농촌의 모습이었음을 언급했는데, 경강도 여기에서 벗어나지 않았다.

조선 후기 경강의 상황을 당대를 살았던 금군 최덕우崔德禹의 말을 통해 좀 더 자세히 보자.

> 금군 최덕우가 아뢰기를 … 셋째는 강민이 쟁송爭訟하기를 좋아하는 것입니다. … 대개 도성 안은 삼사三司의 당상과 낭청郎廳이 법에 따라 분쟁을 가라앉히고 지방의 향읍은 팔도의 수령이 교화를 펴서 다스리므로 법령이 제대로 시행됩니다. 그런데 이 팔강은 서울도 아니고 지방도 아니어서 도맡아 다스리는 곳이 없다 보

니 이런 쟁송의 폐단이 있게 된 것입니다. 하지만 지난 해에 다행스럽게도 각 계契의 존위尊位를 차출하라는 명이 내렸는데, 이 일이 오로지 진휼할 빈호貧戶를 뽑기 위해서이지만 도리어 풍속을 바로잡으려는 조치보다 효과가 큽니다. 이후로 만약 쟁송할 만한 일이 있으면 시비와 잘잘못을 먼저 존위에게 고한 다음 마을 전체의 공의公議를 따라 말미에 소견을 첨부한 것을 받아야만 비로소 법사法司에 가서 정소呈訴할 수 있게 한다면 간사하고 교활한 짓들을 절로 그만둘 것이고 사송詞訟도 절로 뜸해질 것입니다.

—『일성록』, 정조 10년 정월 22일

최덕우는 경강에서 성장하여 이 지역의 사정을 상세히 알고 있는 사람이었다. 그는 임금께 문안을 드리고, 정사를 아뢰는 조회朝會에서 정조에게 경강 지역의 폐단을 아뢰었다. 그 가운데 하나가 소송을 일으켜 싸우기를 좋아하는 강민의 습성이다. 이때 최덕우가 표현한 경강 주변은 서울도 아니면서 그렇다고 지방도 아닌 애매한 곳이었다. 그는 강민의 소송이 끊이지 않는 이유를 바로 경강 지역의 특수성에서 찾았다. 조선시대의 경우 서울은 형조, 한성부, 사헌부 등의 관사가 법에 따라 분쟁을 조정했고, 지방의 고을은 수령과 관찰사 등 지방관의 교화를 통해 법령이 시행되었다. 그러나 최덕우는 경강이 서울도 아니고 지방도 아니어서 송사를 맡아 다스리는 곳이 없다고 생각했다. 경강이 한성부의 행정 편제에 있었지만, 도성 안과는 차이를 보이는 점을 최덕우는 강조한 것이다.

경강에 거주하는 강민에 대한 행정 관청의 관리도 이중적이었다. 17세기 후반 경강 주변의 용산방·서강방·두모방·둔지방·한강방 등이 한성부 행정 체제로 들어오면서 서울의 영역이 확대되자, 이 지역은 인근의 고양군·양주군과 부역 징발 및 조세 징수권을 둘러싸고 갈등을 빚었다. 경강 주변의 여러 마을이 한성부로 편입되었지만, 강민이 국가에 의무적으로 행해야 하는 육체적 노동인 방역坊役은 한성부 5부에서 징발을 담당한 것에 반해, 토지의 세금에 대해서는 한강진 주변 마을은 양주군에서, 용산은 고양군에서 징수했다.[17]

따라서 해당 시기를 살고 있던 반계 유형원은 조선 후기 경강을 둘러싼 경제적 변화를 토대로 한성부와 경강 주변 경기 지역의 통합을 주장했다. 유형원의 말을 들어 보자.

지금 한강의 여러 마을은 비록 경성京城 땅이지만 또한 양주와도 관계가 있으므로 양주에서 세금을 거둔다.

용산 또한 고양에서 세금을 거둔다. 이처럼 인호人戶와 전세를 두 곳에서 나누어 맡으니 그 타당함을 알지 못하겠다. 이러한 땅은 마땅히 모두 한성부에 넣어야 한다. 양주는 서산西山 밖 정토淨土 등지 및 누원樓院·노원蘆原·강릉康陵·태릉泰陵·줄동茁洞·건원릉乾元陵에서 왕산천王山川에 한하고, 광진·삼전도를 도는 이내의 땅을 잘라 넣는다. 고양군의 창릉昌陵·경릉敬陵·압도鴨島·행주 근처 등지 또한 넣는다. 압구정·사평평沙平坪에서 호현狐峴에 이르는 안쪽의 땅과 동작에서 양화도에 이르는 강 남쪽 10리의 땅을 잘라 넣으니 곧 과천 북면의 반과 금천의 동쪽 경계이다. 노량 등지는 강 밖의 지면에 있으나, 경성에 지극히 가까우니 대개 땅을 나누어 고을을 세움에 비록 산천을 경계로 삼는 것이라 하더라도 실로 인사의 편의한 바를 위주로 삼아 한성부에 붙이는 것이 옳다.

— 『반계수록유보磻溪隧錄補遺』 권1,
군현제郡縣制 역대제歷代制 한성부

유형원은 한강진과 용산이 한성부 성저십리의 땅이지만 경기도 양주목과 고양군과도 관계가 있음을 지적했다. 그것은 다름 아닌 이 지역의 전세 수취 때문이다. 앞서 언급한 바와 같이 한강진과 용산 강민의 호구 파악에 따른 방역의 징발은 한성부 5부가 담당한 데 반해, 전세 징수는 한강은 양주군에서, 용산은 고양군에서 맡았다. 이런 이유로 유형원은 행정 관청의 이중적 관리를 받는 경강 지역을 모두 한성부로 편입해 일원적으로 통제해야 한다고 주장했다. 유형원이 지목한 편입 지역은 양주목의 누원·노원·강릉·태릉·줄동·건원릉에서 왕산천·광진·삼전도 이내의 땅, 고양군의 창릉·경릉·압도·행주 근처 등지, 압구정·사평평에서 호현 안쪽, 동작에서 양화도에 이르는 땅이다.

먼저 양주목과 고양군 편입 지역의 경우 성저십리 외곽이다. 유형원은 이곳에 있는 왕릉과 인근 마을을 한성부로 편입해야 한다고 주장했다. 해당 왕릉의 경우 한성부 인접에 위치해 해자 이내는 금표 구역으로 지정되어 금산에 대한 한성부의 제재를 받았다. 고양군 압도는 조선 초부터 선공감에 소속되었다. 압도계 공인이 형성되어 이 지역에서 생산되는 억새로 만든 발(簾)과 비(箒)를 공물로 바쳤다. 삼전도, 동작, 양화도는 진도津渡가 설치된 지역들이다. 결과적으로 유형원이 한성부 편입을 주장한 지역은 한성부의 영향력이 미치는 동시에 양주, 고양군의 관리를 받는 이중성을 지닌 곳이라고 할 수 있다. 유형원은 이러한 지역을 인사의 편의에 따라 한성부에 편제할 것을 주장

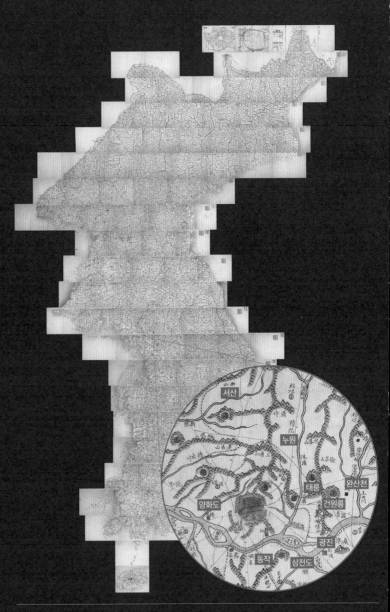

그림 5 《대동방여전도大東方輿全圖》, 규장각한국학연구원 소장

유형원이 주장하는 한성부 편입 지역

했다. 이때 인사의 편의란 부세 수취의 일원화를 의미한다고 할 수 있다.

강민에 대한 행정 관청의 이중적 관리는 18세기 후반까지 계속되었다.

고양군수 유증양柳曾養이 아뢰기를, "한강에서 현석玄石 과 저강渚江, 숭례문과 소의문 두 문밖에 이르기까지는 모두가 고양군의 옛날 부원면富原面입니다. 땅은 고양 군에 속하고 백성은 한성부에 소속되어 있는데, 특히 도성에 있다고 해서 삼세三稅는 면제해 주고, 단지 결전 結錢과 초미草米만 바칩니다. 세 명의 서원을 차출해 수 납을 나누어 관장하도록 했으나, 강민이 게을러서 갖 추어 납부하지 않고 관리들을 내쫓아 발을 붙일 수가 없습니다. 그래서 가난한 이례吏隸들이 스스로 갖추어 납부하거나 심지어 친족과 이웃에게까지 함부로 징수 하니, 도망하고 흩어지는 사람이 줄을 잇고 있습니다. 부원면을 한성부에 소속시켜 해당 각 부部에서 경사京 司로 수납하게 하면, 일이 매우 편리하고 마땅하겠으므 로 감히 이에 말씀드립니다." 하니, 하교하기를, "본도 本道(경기도)에서 좋은 쪽으로 이치를 따져 장문狀聞하도록 하겠다." 하였다.

—『일성록』, 정조 10년 2월 25일

　　1786년(정조 10) 고양군수 유증양이 조세 수취 문제를 정조에게 건의하는 과정에서 한강에서 현석리(흑석리), 저강에 이르는 지역과 숭례문과 소의문 밖의 경우 여전히 토지는 고양군에 소속된 데 반해, 사람은 한성부에 속해 있음을 알 수 있다. 유증양은 이 지역을 고양군의 옛 지명인 부원면으로 말했다. 고양군은 1413년(태종 13)에 고봉현高峯縣, 행주(또는 덕양德陽), 부원현富原縣을 통합해 만들었다. 그 가운데 부원현은 앞서 얘기한 고려시대 과주果州 용산처였다.

　　18세기 후반에 작성된《팔도군현지도》속 고양군 지도를 보면, 아래쪽 고양군 경계선 밖에 '부안삼강면富安三江面'이 표시되어 있다. 좌측으로는 경성京城 남지南池를 표시하고 있으며, 그 아래 고리 모양의 물줄기 속 섬이 율도와 여의도를 포함한 경강 백사장이다. 율도와 여의도는 서강, 흑석리, 용산을 마주 보고 자리해 있다. 따라서 부안삼강면으로 표시된 지역은 한성부 경강 일대로 앞서 고양 군수 유증양이 말한 한강에서 현석리에 이르는 지역이 아닌가 한다.

　　이 지역의 경우 토지는 고양군에 소속된 데 반해, 사람들은

그림6 《팔도군현지도》〈고양〉,
규장각한국학연구원 소장

고양군 지도 속 삼강三江

한성부에 편입되었기 때문에 정부에서는 삼세는 면제하고 결전과 초미만 수취했다. 하지만 이것마저도 강민이 납부를 하지 않고 있어 고양군수 유증양은 결전 및 초미 수취에 애로점이 많았다. 그리하여 아예 옛 부원면이었던 한강에서 현석리, 저강에 이르는 지역을 한성부에 소속시켜 세금을 거두도록 정조에게 건의했다.

이처럼 조선 후기 한성부의 영역은 도성 밖 경강까지 확대되었으나 경강 주변은 도성 안과는 다르게 관리되고 있었다. 경강의 공간적 성격도 도성 안과 같지 않았으며, 강민에 대한 부세 수취도 이원적이었다.

경강의 방어와 치안

한성부 도성 밖은 다른 지역에 비해 무뢰배가 사람을 겁탈해 재물을 빼앗는 일이 많았고, 술주정과 난투가 빈번했다. 민간에서는 사람들의 눈을 피해 도박을 하거나 금송·금주 같은 금령도 쉽게 위반했다. 도적·살인·강도 등의 강력 범죄도 도성 밖에서 발생하자, 정부는 이에 대한 조치를 강화하기 위해 방위시설을 정비하고 치안력을 확보하는 데에 주력하기 시작했다. 숙종 대 남벌원南伐院·모화현慕華峴·양철리梁哲里 등지에서 도적이 발생해 대낮에 사대부가 상해를 입은 사건이 직접적인 계기라고 할 수 있다.

정부는 도성 밖 지역이 광활한데도 불구하고 이를 살피는 포도군사의 수가 적다는 점을 사건의 원인으로 파악했다. 이에 한성부는 금군禁軍 가운데 도성문 밖에 거주하거나 한강·용산·서강의 3강에 거주하는 자 20명을 선발해 각각 10명씩 좌우 포도청에 나누어 도성 밖 지역의 검문, 검색에 힘을 기울이도록 건의했다. 병조 역시 도성 밖을 순찰하는 인력이 지역의 크기에

(龍39)　FERY BELOW THE HAN RIVER　船渡の江漢山龍　(所名鮮朝)

일제강점기 용산의 나룻배, 서울역사박물관 소장

비해 적다는 것을 인정하고, 한성부의 주장처럼 경강 주변에 사는 군관이 그 부근 사람들과 함께 검문, 검색하도록 했다.

　도성 밖 순찰 인력의 증강과 함께 경강 주변 수비도 강화했다. 1703년(숙종 29) 병조판서 이유李濡는 한성부 수비를 위한 경강 변 나루의 중요성을 강조했다. 경기 이남의 지방민이 한성부로 들어오기 위해서는 반드시 경강을 건너야 했다. 나루터는 유동 인구의 유일한 통로였다.

　하지만 숙종 대 기근으로 인해 명화적明火賊이 기승을 부리

고 한성부 인근 경기도에서도 무리를 이룬 도적이 빈번하게 나
타나 경강 나루 주변은 적도 및 범죄인 유입의 근원지가 되었
다. 이에 1703년(숙종 29) 병조판서 이유는 나루터를 관리하던 진
승津丞 직함의 벼슬을 무인인 별장別將 출신으로 교체할 것과 강
촌에 사는 백성 중 일부를 별장에 소속시켜 고용할 것을 주장했
다. 아울러 도성에 거처 없이 떠돌아다니는 백성들 가운데 일정
인원을 선발해 각 별장에게 소속시키는 방안도 건의했다.

다섯 개 나루(津)에 별장을 두었다. 한강진·노량진·양화
도·삼전도·임진도에 예전에는 도승渡丞을 두어 서리書
吏로 뽑아 보냈다. 이때 병조판서 이유가 아뢰기를, "국
가에서 나룻배를 설치한 일은 정세가 위급할 때 쓸 것
을 대비하는 바로 비단 행인을 건너기 위한 것뿐만은
아닙니다. 근래에 폐단이 매우 많아서 진로津路가 거의
소통되지 않았으니, 마땅히 별장을 설치하고 무사를
뽑아 파견해 배를 정돈하고 나루를 건너는 일을 검찰
하도록 해야 합니다." 하므로, 그대로 따랐다. 이유가
드디어 절목을 만들었다. 이유가 처음에는 죄인으로
경기 안에 도배徒配한 자를 별장에게 예속시켜 그 사환
을 돕게 하려고 했는데 의논하는 자가 이를 어려워하

였다. 이에 강촌 사람 50명을 모집해 역을 면제하고 번을 서게 하며 이어 대隊를 만들었다. 그런데 별장의 무리가 새로이 공해를 짓고 처와 자식을 데리고 가서 살면서 진인津人의 재물을 빼앗는 것을 생업으로 삼으니 진인이 그 고통을 견디지 못하였다.

—『숙종실록』권38, 숙종 29년 5월 3일 정미

이유의 건의는 숙종에 의해 받아들여져, 한강진·노량진·양화진·삼전도·임진도 등 5개 나루에 별장이 배치되었다. 별장은 경강 나루를 왕래하는 사람들의 행적을 조사해 수상한 자를 포착하는 임무를 맡았다. 별장이 배치되기 이전에는 진승과 도승의 관직을 두었으며, 서리가 그 임무를 담당했다. 그러나 나루터가 단순히 행인을 태워다 주는 기능이 아닌 도성의 방어 및 치안과 관련된 역할이 강조되어 감에 따라 이를 무장으로 대체할 필요성은 증대되었다. 따라서 정부에서는 경강 주변의 수비를 강화하는 취지에서 진승과 도승을 무인 출신인 별장으로 교체하여 그 임무를 대신하도록 했다. 아울러 강민 50명을 별장의 예속민으로 모집해 이들의 잡역을 면제해 주는 대신 번을 서게 하는 등 강변 수비에 경강 지역 주민을 적극적으로 활용했다.

금위영·어영청·총융청의 세 군영도 경강의 한강진·노량

진·양화도 등을 관리했다. 각 나루에 배치된 별장의 임명과 명령은 소속 군영에서 했다. 별장은 관할 범위 내의 모든 배를 누락 없이 조사해 공조에 보고하고, 선세를 거두어 공조와 각 아문에 나누어 보내는 임무를 수행했다. 각 나루의 모든 배를 관리해 중간에서 조종하던 폐를 막는 것도 별장의 일이었다. 그뿐 아니라 위급한 일이 생기면 나루의 군졸을 데리고 배들을 모아 적에 대항하여 나루를 건너지 못하게 했다.[18]

1708년(숙종 34)에는 경강 변 방어 구역을 확대해 추가로 송파나루에도 별장이 배치되었다. 지리적 특성상 송파는 영남 지방에서 충청 내륙 지방을 거치는 상경로上京路와 영남 내륙 지방인 태백산, 봉화와 관동 지방에서 여주, 이천을 지나는 상경로가 만나는 경강 변의 유통 거점지역이었다.[19] 판돈녕부사判敦寧府事 민진후는 남한산성의 요지로 송파를 지적하며, 이 지역의 군사적 중요성을 강조했다. 이에 다른 진과 마찬가지로 송파에도 진도별장을 두었으며, 수어청의 장교가 별장 및 송파 창고의 감독관을 겸직하도록 했다.[20]

한편, 도적과 화재를 방비하기 위한 목적으로 도성 밖에도 야간 경비인 좌경坐更을 시행했다. 국가에서 좌경을 시행하는 근본 목적은 도둑과 화재를 방지하기 위해서였다. 따라서 도성 안의 경우 조선 전기부터 좌경이 중요한 치안 조직으로 활용되었다. 하지만 경강 등 성 밖 지역은 도성과 멀리 떨어져 있는 데다 넓다 보니 숙종 대까지도 좌경이 제대로 시행되지 못했다. 여기에 포도군관의 수를 늘려 이 지역의 순찰 인력을 확보하려고 했지만, 한계가 있었다. 그래서 군관이 거주하는 마을을 기준으로 인근 지역에서 군병 수십 명씩을 뽑아 가설 군관을 주축으로 좌경을 시행하는 방책을 마련했다. 포도청이 이들의 근무를 관리했다.

도적의 색출 및 체포를 담당한 포도청의 역할 또한 강조되었다. 포도청의 경우 18세기 이후 야간 순라를 강화하기 위한 각종 시책을 마련했는데 그중 하나가 남대문과 동대문 밖의 포도군사를 증원하는 것이었다. 남대문 밖에서 한강·용산·서강까지는 광활한 지역이었다. 그러므로 4개 패의 군사가 순찰하더라고 치안은 허술할 수밖에 없었다. 사정은 동대문 밖도 마찬가지였다. 동대문 밖의 경우 제기동·전농동·중랑포·청량리 등에 이르는 넓은 지역을 1개 패의 군사가 순찰하고 있었다. 이들 군사도 왕이 행차할 경우 수행군사로 다시 차출되었기 때문에 국왕이 도성에 없을 때 한성부 성 밖 치안은 더욱 허술할 수밖에 없었다. 따라서 정부는 남대문과 동대문 밖의 순라군을 각각 1패씩 증원하여 도성 밖 순찰을 강화했다.[21]

포도청의 순라 구역을 경강 주변으로 확대하는 정책도 시행했다. 18세기 초반까지 마포, 서빙고, 서강 등은 삼군영의 군사들이 순찰하지만, 송파에서 한강까지, 용산에서 공암孔巖까지는 주변의 강민을 징발해 순찰했다. 정부는 경강의 치안을 강화하기 위해 경강을 동쪽 지역 6강, 서쪽 지역 6강 전체 12강으로 나누어 포도청에 순찰을 맡겼다. 좌포도청은 가설 군관 6인과 도장 군사 9명을 배치하여 경강 동쪽 지역인 한강·두모포·뚝섬·왕십리·안암·전농 등의 순라를 담당했다. 도장 군사의 경우 왕십리·두모포·뚝섬에 각각 2인이 배정되었으며, 한강·안암·전농에는 각각 1인이 임명, 배정되었다. 우포도청은 좌포도청의 예처럼 가설 군관 6인과 도장 군사 29인을 선출해 서빙고·용산·마포·서강·망원정·연서 지역을 순찰했다.[22]

포도청에서는 도적이나 강도의 위험을 감지하면 각 강의 가설 군관에게 전령을 보내 순찰에 집중하도록 지시했다. 1855년 (철종 6) 용산 탁한정濯漢亭에 사는 양반 집에는 밤마다 돌을 던지거나 담장을 엿보고, 상인으로 꾸며 집안으로 들어오거나 걸인이라면서 방을 빌려 달라고 억지를 부리는 등 행실이 수상한 자들의 출입이 잦았다. 이에 우포도청에서는 이들을 강도나 도적으로 인지하고 용산의 가설 군관에게 전령을 보내 나루터나 상점 벽에 붙여 강민에게 주의시키고 주야로 순찰을 강화했다.[23] 포도청의 가설 군관은 각각 해당 지역에 거주하는 금군 가운데에서 뽑힌 사람들이다. 이들은 주간에는 6강 지역을 사찰했고, 야간에는 순찰을 담당했다.

　정부는 포도청과 순청巡廳이 도성의 순라를 맡고 있음에도 야금을 더욱 강화하려는 조치로 훈련도감을 비롯한 금위영·어영청 등 삼군영에 별도의 순라 구역을 지정해 순찰하도록 했다. 그 가운데 도성 밖 지역의 순라 구역을 보면 훈련도감의 경우 남대문과 동대문 밖을 기점으로 4개의 패로 나누어 순찰했다. 남대문 밖 초교를 기준으로 위쪽 지역인 아현·늑교(현 북아현 163번지)에서 서강까지는 5패가, 아래 지역인 만리현에서 이태원·서빙고·한강진까지는 6패가 순찰했다. 7패는 동대문 밖 안암·종암에서 왕십리·두모포·뚝섬에 이르는 지역을 순찰하고, 만리현에서 서삼강까지는 8패가 순찰했다. 훈련도감은 서쪽으로는 돈의문(서대문)에서 종각, 남쪽으로는 숭례문(남대문)에서 마포·서강 지역을, 동쪽으로는 홍인문(동대문) 밖에서 종암에 이르는 곳을 패장 4명, 군졸 32명이 팀을 이루어 순찰했다.

　금위영은 서빙고·마포를 거쳐 망원정에 이르는 지역을 순찰했다. 5패는 홍제원에서 모화관·아현을 거쳐 이태원까지 패장 1명이 9명의 군사를 거느리고 순찰했다. 6패와 7패는 경강 주변으로 마포에서 서빙고, 토정리에서 서강의 망원정에 이르는 구역이다. 이 두 패 역시 패마다 패장 1명이 9명의 군사를 거느리고 순찰했는데, 동교 전역을 담당하는 8패의 경우는 8명의 군졸이 순찰했다.

어영청의 도성 밖 순라는 5패의 경우 서대문 밖 아현에서 모화관·홍제원까지이며, 6패는 동대문 밖에서 왕십리·뚝섬·제기동·종암동까지이다. 7패는 남대문 밖에서 청파동·서빙고·마포·용산까지, 8패는 대현에서 옹막·서강·양화도까지 순찰했다. 어영청은 패마다 패장 1명이 6명의 순라 군사를 인솔하여 훈련도감·금위영과 달리 군사 수가 적었다.[24] 이는 순찰하는 지역이 훈련도감이나 금위영보다 협소했기 때문이다.

이처럼 삼군영이 경강 주변을 순찰하는 데에는 총 94명의 군사가 동원되었다. 한 군영이 3일에 한 번씩 4패로 나누어 총 12명의 패장이 군사 82명을 인솔하며 도성 밖 경강 주변의 야간 순라를 행했다.

2

___

경강에 사는 사람들,
강민

도성 안 경민京民과 경강 주변 강민

　조선시대 사람들은 한양에 사는 서울 사람들을 어떻게 불렀을까.『조선왕조실록』이나『승정원일기』등의 연대기 자료를 보면 왕이나 관원들의 경우 서울 사람들을 '방민坊民'으로 호칭했다. 그 이유는 한성부의 행정구역이 오부五部-방坊-계契로 구성되었기 때문이다. 지방의 사람들은 한성부의 방민을 '서울 사람'을 의미하는 '경민京民'으로 불렀다. 1769년(영조 45) 영조는 연화문延和門에 나가 공시인貢市人과 서울에 온 지방 백성에게 "대동법을 설치한 것은 향민鄕民을 편하게 하고 경민을 위하며 담당 관리를 위해 설치한 것이다"[25]라고 했다. 여기서 경민은 서울에 사는 한성부 사람들을 말하는 것으로 지방의 향민과 대조되는 의미로 사용되었다. 1798년(정조 22)에는 지방에서 승호군陞戶軍을 뽑아 올리는 폐단을 언급하는 과정에서 "만약 향군鄕軍을 뽑아 올리는 규정을 폐지하고 그 대신 경민을 뽑아 들이면 정예 군사가 되어 폐단을 제거할 수 있어서 일거양득이라고 할 수 있습니다"[26]라고 했다. 승호군은 조선 후기 군현마다 인원수를 할당하여 훈련도감 등의 군사로 충정充定된 지방민이다. 이들 가운데에는 승호군으로 선발되어 가족들과 함께 재산을 처분하고 서울로 올라오는 경우가 많아 폐단이 발생하기도 했다. 따라서 수령들은 향민보다는 서울에 사는 경민으로 승호군을 선발하면 정예 군병이 될 수 있다고 주장했다. 이러한 논의 속에서 조선시대 백성을 지방의 향민과 서울의 경민으로 구분해 호칭했다.

한편, '서울 사람'을 의미하는 '경민'의 호칭은 한성부 방민을 양분하는 데에도 사용되었다.

조명익이 아뢰기를, "강자와 약자로 말하건대, 강민은 많고 마계馬契는 적으니 마계가 어찌 맞서 싸울 수 있겠습니까? 하지만 한성부 서리들도 마계에 많이 들어가 있습니다. 신이 경기감사로 있을 때 각 고을에서 쌀 2말씩을 거두어 마계에 지급하라는 공문이 묘당에서 내려왔는데 신이 그대로 시행하지 않았습니다."라고 하니, 상이 이르기를, "경민의 일에 강민이 쌀을 내니 어찌 억울하지 않겠는가? 이로 보면 마계 사람들은 세력이 있다고 할 수 있다."라고 하였다.

—『승정원일기』800책, 영조 11년 윤4월 18일

1735년(영조 11)의 기록은 강민 300-400명이 경강 변 모래사장에 모여 서부 용산방에 거주하는 마계인馬契人의 집을 습격한 사건에 대해 영조와 조정 대신 간에 오간 내용이다. 영조는 마계와 관련된 일을 논의하는 과정에서 한성부 방민을 경민과 강민으로 구분했다. 이러한 양상은 정조 대에도 마찬가지였다.

판윤 정창성鄭昌聖이 아뢰기를, "빙정을 뜨는 시기가 될 때마다 신칙하는 하교를 누차 번거롭게 내렸습니다. 방금 듣건대, '경민과 강민이 힘을 합쳐 계契를 만들어 동빙고와 서빙고 공인貢人의 규례처럼 호조와 병조의 마태가馬駄價 1130여 냥을 규례에 따라 받은 뒤 그들이 담당해 갖추어 납부하게 하여 이른바 빙호氷戶를 뽑는 등의 일은 모두 없애도록 하십시오. 강 위에서 사사로

이 빙정을 뜨는 사람들에 대해서도 모두 자원하는 대로 들어오도록 허락하여 여름철에 어물전 상인의 요구에 응하도록 한다면, 공적으로는 백성에게 착취하는 폐단이 없을 것이고 사적으로는 생업을 가지고 살아가는 방도가 있을 것입니다.' 하였기 때문에 감히 아룁니다."

—『일성록』, 정조 6년 11월 11일 갑진

1782년(정조 6) 한성부 판윤 정창성은 빙호를 뽑는 일과 경강에서 얼음을 떠서 판매하는 과정에서 나타난 가격 농단의 폐해를 언급했다. 그 과정에서 "경민과 강민이 힘을 합쳐 계를 만드는데"라고 하며 한성부 방민을 경민과 강민으로 나누어 표현했다.

서부의 전 중군 김세징金世徵 역시 "마부계馬夫契는 본래 대대로 전해 오는 강민의 생업이었는데 하는 일 없는 경민이 세력을 끼고 빼앗아 갔습니다"라고 하며 강민과 경민으로 구분하였다.

그렇다면 영조와 한성판윤이 지칭한 '경민'은 어떠한 사람일까.

도성 안의 사람들(都下之人)은 장차 생선과 고기를 맛보지 못할 것이고 강 주변의 백성들(江上之民) 또한 모두 생계를 꾸려 갈 직업을 잃게 될 것입니다. … 방역坊役이란 종묘와 사직, 각 궁원宮園의 눈을 쓸어 내고 잡초를 뽑아 없애고 도로와 교량에 대해 보토補土하고 모래둑을 쌓는 일 따위인데 얼음을 뜨는 일에 비해 열 배나 많습니다. 강교江郊의 빈한한 백성들이 부역에 나가기 위해 10리를 오간다면 하루 치 벌이를 잃을 것이고 하루 치 벌이를 잃으면 3일 치 먹을거리를 잃게 될 것이니, 백성을 위해 부역을 면제해 주는 혜택이 어디에 있습니까. 경민은 방역을 지고 강민은 빙역氷役을 지는 것이 본래 오래된 법식입니다.

—『일성록』, 정조 10년 정월 22일 정묘

1786년(정조 10) 국가에서 경강 30곳에 있던 빙고를 빙계氷契가 운영하는 8곳으로 제한해 얼음 값이 급등하자, 금군 최덕우는 "도성 안의 사람들은 장차 생선과 고기를 맛보지 못할 것이고 강 주변의 백성들 또한 모두 생계를 꾸려 갈 직업을 잃게 될 것"이라며 문제점을 지적했다. 더 나아가 그는 "경민은 방역을 지고, 강민은 빙역을 지는 것이 본래 오래된 법식이다"라고 했다. 여기에서 한성부 방민은 '도성 안의 사람들'과 '강 주변의 백성들'로 구분되며 경민은 방역을, 강민은 빙역을 지는 것에서 경민은 도성 안 사람을 지칭한다고 말할 수 있다.

조선시대 한성부 방민은 국가에서 부과하는 부역인 방역을 지고 있었다. 대체로 종묘와 사직, 각 궁궐과 원園의 눈을 쓸어 내고, 잡초를 뽑아 없애고, 도로와 교량을 정비하는 과정에서 흙을 나르거나 모래 둑을 쌓는 등의 일이다. 이러한 방역은 도성 안 경민이 하는 일이며, 경강 주변 강민은 얼음 3정丁을 뜨는 부역과 세곡을 실은 배가 경강에 정박하면 물건을 내려 뭍으로 옮기고, 말이 있는 사람은 짐을 말에 싣고 창고로 운반하는 일을 했다. 하지만 얼음을 뜨는 부역이 정조 대에 사라져 강민 역시 도성 안 사람처럼 10리 떨어져 있는 도성으로 들어가 방역을 수행했다. 강민에게 있어 부역을 위해 10리의 길을 오가면 3일 치 양식을 살 수 있는 이들의 하루 벌이가 없어지는 것이다. 금군 최덕우는 이러한 강민의 폐해를 지적했다.

운부역을 둘러싼 논의 속에서도 경민과 강민은 구분되었다. 정조는 세력을 믿고 강민의 생업을 함부로 빼앗는 경민은 법과 질서를 어지럽히는 백성임을 강조했다. 이때 정조는 경민을 도성 안의 백성으로, 강민은 도성 멀리 경강 변에 있는 백성으로 파악했다. 정조는 경민의 자생 방법은 부리府史·서리·군병·상인 등 다양해 생활이 넉넉하다고 파악했다. 이에 비해 강민은 오직 짐을 실어나르는 운부역에 한정되었다고 생각했다. 그런데 이 운부역도 경민에게 빼앗기게 되어 경민은 더 부자가 되고, 강민은 더 가난해진다고 여겼다.[27] 한성부 방민에 대한 정조의 생각을 알 수 있는 부분으로, 정조는 도성 안 경민은 생활이 넉넉한 존재로, 강민은 생활기반이 열악한 빈민으로 생각했다.

경강에 거주하는 강민 또한 자신들을 도성 안 경민과 구분했다.

> 성균관 전복 황인수黃仁壽 등의 원정에, '기축년에 염해전鹽醢廛을 값을 주고 마포의 강인江人에게 사서 옛 시전 상인의 자손으로 본강本江에 사는 자들과 같이 시전을 운영하면서 서로 이익을 나누어 먹었습니다. 이번 여름에 경인京人 오 씨와 정 씨가 한가한 잡인雜人을 모집하여 마포 강인이라고 거짓으로 칭하면서 감히 환퇴還退할 계책을 내어 성상께 호소하였는데, 본조에서 그들이 구시인의 자손인 점을 인정하여 물려주라는 뜻으로 회계하여 시행하는 지경까지 이르렀습니다."
>
> —『일성록』, 정조 12년 11월 6일 갑자

1788년(정조 12) 마포 염해전 상인과 성균관 반인 사이의 염해전 환퇴를 둘러싸고 나타난 분쟁에서 성균관 전복 황인수는 대대로 운영해 온 염해전을 반인이 침탈했다는 마포 강민의 소송에 반박했다. 그러면서 그는 경인 오씨와 정씨가 잡인을 모집해 거짓으로 마포 강인이라고 하면서 매매 계약을 도로 무를 계책을 냈다고 하며 한성부 방민을 경인과 강인으로 나누어 말했다.

육강六江의 주민 김광헌은 "이른바 마부색장馬夫色掌의 역은 바로 저희의 전해 내려온 세업世業인데 한번 경인들이 몰래 사들여 도고都庫를 일삼은 뒤로 폐단을 끼치는 것이 매우 심합니다"[28]라고 하며 자신들을 도성 안 경인과 구분해 얘기했다.

이처럼 조선시대 서울 사람들은 경민과 강민으로 구분되었다. 중앙정부의 입장에서는 경민과 강민으로, 동시대를 살아가는 경강 사람들은 경인과 강인으로 서울 사람을 구분했다. 도성 안 경민은 국초부터 한성부의 일원이었지만, 경강 주변의 강민은 조선 후기에 이르러서야 경기도에서 한성부로 편입되었다. 이러한 차이가 중앙정부나 당시 서울 사람들에게 도성 안 사람과 강 주변 사람이라는 이분적 인식을 낳게 한 이유 중 하나이지 않았을까.

『북부장호적』에 보이는 강민의 실태

17세기 한성부의 주민 실태를 알 수 있는 유일한 자료로 1663년(현종 4)에 작성된 『강희2년계묘식년북부장호적康熙貳年癸卯式年北部帳戶籍』(이하 『북부장호적』)이 있다. 『북부장호적』에는 도성 밖 16개의 계契 총 683호가 기재되어 있다. 이 지역은 조선 후기 '연강산저沿江山底'로 표현되는 곳이다. 현재의 마포구 망원동·서교동·동교동·성산동 등과 여의도·연희동·수색동·아현·합정·홍제원 등지이다. 그 가운데 수색리계水色里契·증산리계甑山里契·성산리계城山里契·가좌동계加佐洞契·망원정계望遠亭契·세교리계細橋里契·연희궁계衍禧宮契·합장리계合掌里契(합정리)·여의도신계汝矣島新契 등 경강 서쪽 마을 강민의 존재를 확인할 수 있다.

이 9개의 마을은 앞서 이규상이 경강을 동·서·남으로 구분한 것 가운데 서강에 해당하는 곳이다. 지역적으로는 여의도와 행주 사이이다. 마을 내 호주의 신분 및 직역은 크게 양반·종친, 노비, 무관·군병, 이례, 양인 등으로 분류할 수 있다. 그 가운데 노비의 수가 가장 많으며, 양반·종친, 무관·군병 순이다.

지역별로 보자. 우선 수색리계에는 44호가 거주했다. 양반·종친이 6호, 노비 16호, 무관·군병 19호, 양인 3호이다. 주민들은 양반과 노비를 제외하면 모두 마병·포수·내금위·어영청 군관 등 무관이다. 특히 양인 3호 가운데 혼자 사는 독녀 최조이와 황조이의 경우 아버지가 훈련원 판관이나 보인保人의 역을 지고 있어 군병 가족임을 알 수 있다. 이웃 동네인 증산리계는 수색리계와 달리 전체 41호 가운데 28호가 양반·종친으로 경강 내 양반 거주 지역이다. 특히 종친 가운데 중종의 서자 해안군海安君 이희李岞의 후손이 2호 있으며, 덕양군德陽君 이기李岐의 후손 5호가 거주했다.

수색리 아래 지역인 성산리계, 세교리계, 연희궁계의 경우 양반·종친, 노비, 무관·군병으로 주민이 구성되었다. 여의도신계는 전체 44호 가운데 노비가 41호로 93%를 차지했다. 여의도에는 제향에 쓰기 위해 전생서典牲署와 사축서司畜署가 관리하는 목장이 있었다. 제향에 쓰이는 가축의 경우 일반 가축과는 다르므로 한적하고 넓은 땅에 자유스럽게 방목해야 했다. 따라서 정부는 여의도 백사장 한 곳을 제향하는 가축의 방목지로 삼고, 이곳에 사람들을 모집해서 개간할 땅을 주고 들어가 살면서 가축들을 돌보도록 했다. 여의도신계 주민 가운데 사축서에서 모집해서 들어온 사노 최계운崔戒雲·이일이李一伊·김명구지金命仇知 등이 있는 것은 이러한 양상을 그대로 보여 준다.

여의도 인근의 율도栗島(밤섬)도 관청에 소속된 토지를 주민이 빌려 농사를 지었다. 그뿐만 아니라 뽕나무 재배와 얼음을

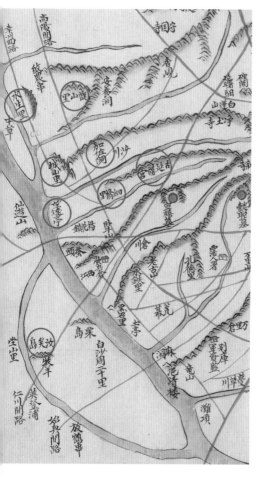

그림 8 〈경조오부도〉, 규장각한국학연구원 소장

『북부장호적』 속 경강 마을

채취하는 채빙업도 활발해 1950년대까지 겨울철 주민들의 주요 생업이었다. 배를 만드는 선장船匠도 많아 1844년(헌종 10)에 경강의 대시목전大柴木廛 상인과 퇴선재退船材에 대한 수세권을 놓고 분쟁을 하기도 했다.[29] 하지만 여의도, 율도 두 지역의 경우 장마철 큰비로 경강의 강물이 범람할 때에는 고립되어 아무것도 할 수 없는 경우가 많았다. 정조 대에 여의도가 홍수로 강물이 불어 물에 잠기자 수철리水鐵里에 사는 장한보張漢輔와 이경룡李景龍 등이 배에 쌀·간장·땔나무·석유황石硫黃 등을 싣고 와서 여의도 주민들이 생계를 유지할 수 있도록 했다.[30]

양화진 주변의 망원정계와 합장리계에는 232호의 많은 사람이 거주했다. 망원정계에는 양반·종친이 9호, 노비 105호, 무관·군병 13호, 이례 9호, 양인 4호 등 총 142호가 거주했다. 다른 지역과 달리 서리, 역리 등 이례와 어부가 살고 있었다. 노비 가운데 8호가 어부였으며, 양인 4호 가운데 3호가 어부이다. 망원정계는 조선 전기부터 왕의 행차가 있던 곳이다. 『동국여지지東國輿地誌』에 의하면 세종, 성종, 중종 등 여러 왕이 서쪽 교외의 농사를 살피기 위해 행차하여 효령대군이 지은 희우정喜雨亭이라는 정자에 머물며 강변의 경치를 즐겼고, 이후 희우정이 무너지자 월산대군이 다시 지은 후 망원정이라고 이름 지었다고 한다. 아울러 이곳에서는 수전水戰이 행해져 왕이 친히 관람하기도 했다.

경강은 풍광이 아름다워 관광지로 명성이 자자했다. 양반들은 강의 경치를 시로 읊거나 그림으로 표현했다. 정도전은 태조

에게 바친 팔경시八景詩 가운데 6경으로 사방에서 몰려드는 조
운선의 서강 정박 모습을, 7경으로 남쪽 나루로 몰려드는 행인
의 모습을 표현했다. 한양의 10가지 경치를 읊은 『한도십영漢都
十詠』에도 양화나루에서 눈을 밟는 운치(楊花踏雪), 마포에서 배
띄우기(麻浦泛舟), 제천정에서 달구경(濟川翫月), 입석포에서 고기
잡이(立石釣魚) 등 경강 변 풍경을 시로 읊었다. 그렇기에 경강
주변에는 강변의 풍광을 즐기려는 양반의 별장과 정자들이 많
아 망원정 주민 가운데에는 이를 관리하며 사는 노비들이 다수
있었다.

합장리계에는 양반·종친이 14호, 노비 55호, 무관·군병 18호,
양인 2호, 기타 1호로 총 90호가 거주했다. 이 마을도 망원정과
마찬가지로 주인의 별장과 정자를 관리하는 노비가 많았다. 계
집종 중에는 거지로 떠돌다가 노비가 된 자도 3명이 있다. 어부
도 7호 거주했다. 사노 가운데 6호가 어부이며, 양인 2호 중 1호
가 어부이다.

망원정계와 합장리계의 경우 17세기 중반까지 232호가 거주
했다. 이 두 마을은 총융청과 어영청의 두 창고를 지켰으며, 주
민들은 빙어선氷魚船을 생업으로 했다. 그러나 1774년(영조 50) 홍
양한이 강상어사江上御使가 되어 망원정·합정리 등 경강 지역을
시찰할 때에는 주민의 수가 100여 호로 급감했다. 지역 주민의

대부분은 빙어선을 접대하는 것으로 생계를 유지했는데 18세기 중반부터 서강에 사는 강민이 빙어선을 유인해 자기 지역의 포구에 정박시키는 일이 잦아졌다. 이에 빙어선 경쟁에 밀린 망원·합정의 강민 일부는 생업을 포기하고 다른 지역으로 떠나, 마을의 인구가 감소하게 되었다.[31]

북부장 호적을 통해 경강 전체가 아닌 망원정·합정리에서 수색리에 이르는 지역에 한정되었지만, 강민의 신분·직역은 왕실 종친에서부터 양반 관료·무관·군병·이례·어부·노비에 이르기까지 다양했다. 그러나 일부 여객 주인·경강상인을 제외하고는 대다수가 경제적으로 열악한 계층이었다. 1786년(정조 10) 서강 옹막리에서 화재가 발생했을 때 화재를 당한 주민 가운데 봉상시奉常寺의 대전대田에 거주하는 자가 100여 호였다. 강촌위유어사江村慰諭御史 김계락金啓洛은 이들을 경제적 처지가 매우 가난한 부류로 판단하고 3년간의 방역과 1년간 대전의 세금을 면제해 주었다.[32]

강민의 경제적 처지는 1795년(정조 19) 한성부 오부 및 연융대鍊戎臺, 북한산성에서 뽑힌 빈호貧戶의 실태에서도 확인할 수 있다. 한성부 오부의 빈호를 살펴보면, 중부는 4,084호 가운데 빈호가 260호로 6.4%를 차지하며, 동부는 7,419호 가운데 빈호가 609호로 8.2%이다. 남부는 9,747호 가운데 빈호가 1,277호로

13.1%를 보인다. 반면 서부는 16,259호 가운데 빈호가 2,803호로 17.2%를 차지하며, 북부도 5,285호 가운데 919호가 빈호로 17.4%를 차지해 다른 오부에 비해 빈호의 비율이 높았다. 빈호의 경강 주변 비율을 보면 북부의 경우 망원정·합정리·여의도 등이 포함된 연희방의 빈호는 전체 북부 빈호의 20.5%였다. 남부는 두모방·둔지방이 27.8%였고, 서부 서강방·용산방은 42.2%로 가장 많았다.[33] 특히 서부의 경우 빈호의 40% 이상이 강민이 많이 사는 서강·용산 주변인 점을 보면 일반적으로 강민의 처지가 열악했음을 알 수 있다.

경강 변 신흥 주민으로서의 군병

조선 후기에 이르면 경강 지역으로 많은 사람이 몰려들었다. 조선 초 도성 밖 인구는 1,601호, 6,044명으로 한성부 인구의 10%에 불과했다. 이러한 수치는 18세기 후반에 이르러 5배로 껑충 뛰게 된다. 1789년(정조 13) 도성 밖으로 21,835호, 76,782명이 거주하는데, 그 가운데 절반의 사람이 한강방·둔지방·두모방·용산방·서강방·연희방 등 경강 변에 거주했다.[34] 경강 주변의 인구는 1645년(인조 23) 2,261호에서 1789년 11,136호로 증가해 도성 밖 인구 증가의 원인이 되었다.

경강 변 신흥 주민으로 등장하는 계층 가운데 하나가 호위 군관·금군·오군영의 군병 등이다. 조선 후기 도성 방위를 중심으로 군문이 설립됨에 따라 지방의 많은 군병은 한성부로 올라와 도성을 시위하며 거주했다. 그리하여 군병과 군관이 17세기 말 한성부 전체 인구 중 10%를 차지할 정도로 한성부 인구의 증가를 유도했다. 군병들은 생활기반이 전혀 없는 서울에서 적은 급료로 가족까지 부양했기 때문에 상업 활동이나 각종 토목 공사, 하역 작업의 일용노동자로 생활했다.

군병의 경강 거주와 관련해 재미있는 일화가 하나 있다. 조선시대에 응봉에 둘러싸인 마을이 하나 있었다. '새 마을'이라는 의미의 신촌新村으로, 경강 주변에 형성된 신생 촌락이다. 이 마을은 18세기 후반 경강이 한성부의 행정 체제로 편입되면서 남부 두모방豆毛坊 신촌리계新村里契가 되었다. 〈경조오부도〉에는 살곶이다리 옆으로 신촌이 그려져 있다. 이곳은 마을을 이루기 이전까지는 황량해서 사람이 살지 않은 지역이었다. 도성에서 여기를 가려면 광희문을 나서 왕십리를 지나 작은 고개인 수레재(車峴)를 넘어야 한다. 조선 전기까지만 해도 왕십리에는 사람의 왕래가 드물었기 때문에 도적이 소를 빼앗기 위해 소를 끌고 지나가는 사람을 살해하기도 했다. 서빙고에 사는 생원 정지

鄭祉의 집에는 강도가 들기도 했다. 강도의 습격으로 정지는 신체 여러 군데가 칼에 찔리고 머리뼈까지 부서져 사망했으며 처자와 노비奴婢까지 칼에 찔리는 참혹한 상황이 발생했다.[35]

이러한 황량한 곳에 마을이 형성될 수 있었던 것은 김익훈金益勳의 공이 컸다. 그는 조선 중기 정치가이며 예학의 대가로 칭송되는 김장생金長生의 손자이다. 아버지는 대사헌·이조참판을 지낸 김반金槃이다. 김익훈은 숙종의 깊은 신임에 힘입어 광주부윤·좌윤·형조참판·어영대장 등의 요직을 역임하였다. 마을 일대의 지리를 엮은 「신촌지新村志」에 따르면 김익훈이 어영대장으로 있을 때 화적을 잡은 일이 있었다고 한다. 그런데 이들 가운데에는 화적에게 협박을 받아 억지로 가담한 양인들이 많다. 김익훈은 이 같은 사정을 숙종에게 아뢴 후 이들을 가려내어 석방해 주도록 요청했다. 그런 다음 갈 곳 없는 이들을 수풀과 가시덤불이 무성해 뱀이 들끓었던 경강 변 신촌으로 데려와 땅을 정리하여 마을을 형성한 후 삶의 터전으로 삼도록 했다.

두모방 신촌리계는 이런 과정을 거쳐 형성되었으며, 경강 동쪽 지역 가운데 경치가 빼어난 마을 중 하나가 되었다. 마을을 형성한 초기와 달리 서울의 유입 인구가 점차 늘어나자, 신촌으로도 많은 사람이 모여들어 18세기 이곳에 거주하는 가호는 거의 400호에 이를 정도였다. 김익훈 역시 자신이 만든 신촌

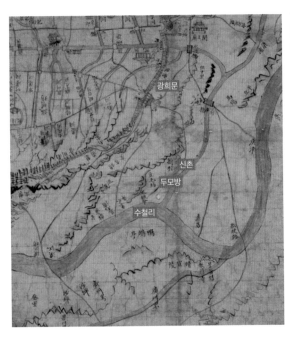

그림 9 〈한양도〉 속 신촌과 수철[리]
울역사박물관 소장

광희문

신촌

두모방

수철리

의 경관에 흠뻑 빠져 이곳에 별서를 장만하고 평원정平遠亭을 지었으며, 이후 아들 김만채金萬埰가 이를 증축하여 기둥이 다섯인 네 칸의 정자로 만들기도 했다.[36]

　「신촌지」를 지은 김상정은 신촌 주민의 습성을 "풍속이 사나워 무술을 좋아한다"라고 했다. 풍속이 사납다는 것은 신촌이 화적에 가담한 사람들이 만든 마을이라는 김상정의 선입견이 작용한 탓일까. 김상정은 무술을 좋아하는 신촌 주민의 성격 때문인지 주민 대부분이 대궐의 금위군이 되었다고 한다. 마을 주민들은 보리와 무를 심어 생활했다. 특히 무는 도성 사람들에게 크고 맛있는 것으로 유명했다. 17세기 후반 서울 도성 밖 지역에서 상업적 농업이 활발하게 이루어졌음을 알 수 있다. 박지원의 문집인 『연암집燕巖集』에는 서울 근교의 농업으로 왕십리의 무, 살곶이다리의 순무, 석교의 가지·오이·수박 등을 꼽고 있다. 또한, 연희궁에서는 고추·부추 등이, 청파에서는 미나리, 이태원에서는 토란이 재배되었다. 이들 중에서도 왕십리나 청파의 미나리가 가장 유명했다. 살곶이다리에서 재배되는 순무도 도성 사람들은 '전평청箭坪菁'이라 하며 왕십리 미나리와 함께 매우 비싸게 사 갔다고 한다. 박지원이 언급한 전평청은 바로 신촌 지역에서 생산되는 무를 말한 것이다.

이처럼 신촌은 김익훈이 화적에 가담한 백성을 이주시켜 형성된 곳으로, 주민 대부분이 금위군이었다. 군병의 경강 거주는, 숙종 대 도성 밖에서 절도와 약탈로 사람들이 상해를 입는 사건이 발생하자 한성부에서 3강에 거주하는 금군 가운데 20명을 선발하여 포도청의 가설 군관으로 삼는 데서도 확인할 수 있다. 아울러 1735년(영조 11) 경강 주변 사람들이 서부 용산방에 거주하는 마계인의 집을 습격하는 사건이 발생했을 때 강변에 거주했던 군병 3, 4백 명이 동참한 것에서도 알 수 있다. 사건에 동참한 수백 명의 군병이 전쟁에 출정하는 것처럼 큰소리를 지르며 마을을 돌아다녀 주민들은 모두 도피하고 상점들은 문을 닫을 정도였다. 1786년(정조 10)에는 서부 옹리에서 화재가 발생하여 347호의 가옥이 소실되는 일이 있었다. 소실 가옥 중 금위영 6명, 어영청 24명, 훈련원 56명 등 삼군영 소속 군병 86명의 가옥이 포함되어 경강 지역에 군병들이 많이 살고 있었음을 알 수 있다.[37]

경강 속 작은 섬의 사람들, 여의도와 율도

조선시대 경강에는 여의도·율도·선유도·저자도 등의 작은 섬들이 있었다. 그 가운데 밤섬과 여의도는 현재 분리되었지만, 조선 후기 각종 도성도에서 보면 거의 하나의 섬으로 그려져 있다.

『동국여지비고』에 율도(밤섬)은 가산駕山이라고도 한다. 마포 남쪽에 있으며, 두 그루의 오래된 은행나무가 있다. 고려시대 때 김주金澍가 심은 것이라고 전해지고 있어 이른 시기부터 율도에 사람들이 오고 갔음을 알 수 있다. 율도에는 조선 초기부터 정부의 주도에 따라 섬 안에서의 개간 및 경작이 금지되고 다만 뽕나무만 재배하도록 했다. 그리하여 1423년(세종 5)에 이르면 율도 안의 뽕나무 수는 8,280그루에 달했다.[38] 「읍취당기挹翠堂記」를 지은 성현成俔은 읍취정에서 바라보는 아름다운 풍경 가운데 하나로 율도의 뽕나무를 들고 있다. 그에 따르면 율도에 뽕나무가 몇 리에 걸쳐 뻗어 있으며, 푸른 잎이 무성하여 손을 뻗어 뽕잎을 따려는 사람들이 무리를 이루고 있다고 했다. 율도에는 뽕나무 외에 문종 대부터 약초로 이용된 감초를 재배해 이를 각 도에 나누어 심도록 하는 등 약초밭(藥田)도 조성되었다. 이러한 감초 재배는 근대까지 계속되었으며, 이후 율도에는 양반 사대부들이 섬 안의 땅을 돈을 주고 매매, 점유하면서 점차 경작지가 증가하기 시작했다.[39]

여의도는 나의주羅衣洲라고 했으며, 세속에서는 잉화도仍火島로도 불렸다. 여의도는 율도와 서로 잇닿아 있다가 장마로 큰비가 내리면 두 섬 사이로 물길이 생겨 둘로 나뉘었다. 〈경조오부도〉에서 보면 여의도 밑에 '목양牧羊'이라고 표시했듯이 이 섬에는 조선 초기부터 돼지와 양을 방목하여 기르는 목장이 있었다. 따라서 가축의 사육을 담당하는 사축서司畜署와 전생서典牲署는 관원을 여의도로 파견해 이를 감독하도록 했다. 돼지와 양의 사육은 두 관서의 전복典僕들이 섬에 집을 짓고 살면서 담당했다.

1556년(명종 11) 사간원에서는 여의도에 사는 전복들의 생활 풍속에 문제를 제기하기도 했다. 사간원에서 문제 삼은 내용은 여의도에 사는 전복들이 사촌·오촌 구별 없이 친족끼리 서로 혼인할 뿐 아니라 홀아비나 과부 역시 근친임에도 같이 살면서 이를 조금도 이상하게 여기지 않는다는 것이다. 전복들의 이러한 습속은 섬이라는 지리적 특성상 이웃 마을이 없어 사람들의 이목이 미치지 않았기 때문이다. 더욱이 전복들이 도성으로 가기 위해 강을 건널 때 물이 깊으면 남녀가 옷을 벗고 왕래하여 뭇사람들의 눈살을 찌푸리게 했다. 따라서 사간원은 여의도에 있는 인가를 모두 철거해 사축서나 전생서 근처로 이주시키고, 만약 남녀가 전처럼 섬에 출입하는 자가 있으면 처벌하도록 왕

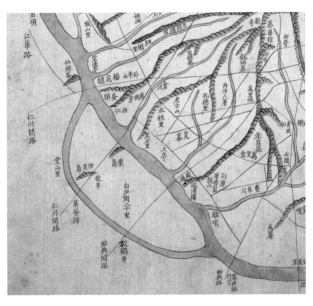

그림 10 〈경조오부도〉 속
도와 율도, 규장각한국학연…

에게 요청했다.[40]

17세기 중반에 이르면 여의도 지역은 한성부 북부에 편입되어 여의도신계라는 마을을 형성했다. 이 마을에는 44호가 살고 있었으며, 그 가운데 41호가 노비였다. 이후 숙종 대에는 여의도와 율도로 각지를 떠돌다 서울로 온 유민流民이 유입되었다. 숙종 대 기근이 극심해 한성부로 일시에 많은 유민이 몰려들자, 도성 안에 전염병이 창궐하는 등 각종 폐해가 나타났다. 이에 정부에서는 도성 밖 율도(밤섬)에 진제소賑濟所를 설치해 유민들을 수용했다가 강화도나 영종도 등지의 각 섬으로 분산해 보내는 방책을 시행했다.

정부의 조치에 따라 1697년(숙종 23) 한성부 5부에서 율도로 보낸 유민들은 875명 정도였다. 이후에도 계속해서 율도에 진제소를 설치해 수용된 유민의 수는 증가했다. 정부는 유이민 정책의 하나로 강민 가운데 이들을 품팔이 일꾼으로 쓰고 싶은 사람에게 공명첩空名帖을 발부해 주었다. 따라서 많은 수의 강민은 유민들을 일꾼으로 삼아 경강 내 경제 활동에 동원했다. 결과적으로 율도로 보내진 유민들은 정부의 수용 정책에 따라 강화도나 영종도로 보내어지지 못하고 경강 주변에 새 거주지를 마련하며 자신의 노동력을 상품화하는 경강 변 일용노동자로 정착했다.[41]

이처럼 율도와 여의도의 경우 경강 변의 작은 하중도河中島로 서로 연결된 섬이지만, 다른 특징을 가지고 있었다. 우선 행정 관할구역이 달랐다. 여의도는 한성부 북부 연희방延喜坊에 소속된 데 반해, 율도는 서부 서강방에 소속되었다. 토지 이용 역시 여의도는 제사에 사용되는 목축지로, 율도는 뽕나무나 약초 재배 용도로 쓰였다. 조선 전기부터 개간 및 경작이 금지되었던 여의도와 율도는 17세기에 이르자 농경지가 점차 확대되기 시작했다. 두 섬의 주민들은 호조·전생서·사포서司圃署 등 관 소유의 토지를 경작하는 대신 세를 내며 생활했다. 하지만 장마철 큰비로 강물이 범람하게 되면 토지가 물에 잠기는 폐가 빈번했다. 정조 대 여의도에 사는 노창대盧昌大, 이창배李昌培, 율도의 한광태韓光泰 등은 홍수로 관사의 토지가 침수할 시 세금을 감면해 주도록 왕에게 호소하기도 했다.

율도에는 배를 만드는 선장들도 있었다. 지역적으로 율도는 서강과 마포 등과 인접하여 주변 포구들과 쉽게 왕래할 수 있는 도선渡船의 위치에 있었다. 이러한 지리적 위치는 서해와 경강 상류에서 유입되는 배들이 포구에 집결한 후 배를 수리하기 위해 율도에 잠시 정박할 수 있는 이점도 있었다. 따라서 율도에는 배를 만드는 선장들이 많았다.

이들 율도의 선장들은 19세기에 이르면 단순한 배를 만드는 장인의 역할을 넘어 도고都賈의 모습을 보이기도 했다. 조선 후기 대동법 실시로 인한 세곡 운송의 증가, 주교사舟橋司 설치 등으로 경강 선인들은 선운업뿐만 아니라 조선업造船業에도 진출했다. 특히 세곡 운송을 관선官船이 아닌 경강 선인의 사선私船이 운임 비용을 받고 상납하는 양상으로 확대되는 현상은 포구 상업의 발달과 연동되어 선상들의 선박 제조를 촉진했다. 당시 배를 만들 목재를 조달하는 선재도고船材都賈의 경우 율도(밤섬)를 중심으로 흩어져 있던 선장船匠 등을 고용하여 조선업을 영위하게 된 집단이라고 할 수 있다. 경강 선인들은 관부의 오래된 병선을 구입해 이를 개조해서 사용하거나 자체적으로 선박을 제조하여 대동미를 운송했다. 19세기에 이르면 율도의 선장들은 단순한 장인뿐 아니라 도고의 모습을 보이기도 했다. 1841년(헌종 7) 경강의 대시목전 시민大柴木廛市民들은 수세收稅하고 있던 퇴선재退船材와 가재家材, 서까래(椽) 등의 물종 가운데 율도의 선장에게 퇴선재를 빼앗기게 된다. 선박 제조의 재료에 가하는 세금을 걷는 권한을 율도의 선장이 빼앗았다는 것은 단순한 선장의 모습을 벗어나 도고의 역할도 보여 주는 것이다.[42]

얼음을 떼는 사람들

서울 사람들의 경우 도성을 유지하고 운영하기 위해 방역이 부과되었다. 방역은 서울 사람의 개별 가호마다 부과해 노동력을 차출하는 부역이다. 서울에 거주하는 재상 이하 모든 사람의 집에서 부담하되, 왕자·공주·옹주는 방역 대상에서 제외되었다. 왕도王都인 서울에서는 도시 운영을 위해 많은 노동력이 필요했다. 궁궐 건설과 개보수, 도로 건설, 하천공사 등 국가에서 시행하는 공사에 서울 사람들의 노동력이 투입되었다. 아울러 도성 안에 버려진 시신을 수거하거나, 북악산·남산·인왕산·낙산 등 도성 안 사산四山을 보호하기 위해 소나무에 있는 송충이를 잡는 것도 서울 사람들의 몫이었다. 야간 경비인 좌경坐更, 한강의 얼음 채취, 각종 공용 물자 운반 등에도 서울 사람들의 노동력이 들어갔고, 이는 방역으로 충당되었다.[43]

경강 변에 사는 강민에게는 크고 작은 방역을 면제하고 한강에서 얼음을 채취해 운반, 보관하는 장빙역藏氷役을 담당하도록 했다. 조선시대 서울에는 정부 소속의 빙고로 경강에 동빙고와 서빙고가 있었으며, 궁궐 안에 내빙고內氷庫가 있었다. 두모포에 있는 동빙고에는 국가 제사에 사용하는 얼음을, 둔지산 기슭에 있는 서빙고에는 왕실용과 2품 이상 관료에게 나누어 주는 얼음을 저장했다. 동빙고에는 두모포와 저자도楮子島 사이의 한강에서 두께 4촌寸 이상의 얼음을 채취해 저장했다. 제사용 얼음이므로 채취·운반·저장의 과정을 까다롭게 검사해 서빙고보다 얼음의 질이 좋았다. 동빙고에는 남부에 사는 강민이 장빙역에 동원되었고, 서빙고는 서울 5부의 주민이 동원되었다. 그러나 실제로 도성 안 주민들은 중국에서 칙사가 올 때 각종 잡역에 응하는 일이 많았기 때문에 장빙역은 도성 밖 주민이나 경강 주변 강민에게 집중적으로 부과되었다. 궁궐 안 내빙고 가운

일제강점기 한강에서 얼음을 캐는 사람들, 국립민속박물관 소장

데 북쪽 빙고의 경우 한성부가 주관하여 5부 주민의 노동력을 징발해서 얼음을 저장했다.

이러한 호빙戶氷은 17세기 중엽 이후 도성 밖 성저민이나 강민에게만 부과되어 1호마다 얼음 5~6정씩을 바쳐야만 했다. 그러나 여러 가지 이유로 강민이 장빙역을 피하자 역의 편중 문제가 심각해졌다. 더욱이 얼음을 궁궐 안 내빙고까지 운반하기 위해서는 수송 수단인 말이 필요했는데, 이것이 없는 집에서는 더욱 힘들었다. 따라서 정부에서는 삼강의 강민은 양반을 비롯해 역에 응하지 않았던 사람들까지 모두 호빙을 부담하게 하였다.

17세기 후반이 되면 장빙역은 서울 주민의 노동력을 징발하는 방식에서 점차 물납세物納稅로 전환되었고, 18세기 후반에는 돈을 받고 노동력을 제공하는 빙계氷契가 창설되어 경강 주민에게 품삯을 주고 얼음을 저장하는 제도로 바뀌었다.

궁궐 및 관청 외에 민간의 얼음 수요도 증가하자 18세기 이후에는 양반 가운데 경강 주변에 개인 빙고를 설치해 얼음을 판매하는 장빙업자가 등장했다. 얼음을 채취하는 채빙공과 빙고에 저장하는 저장공은 기술이 필요했기 때문에 숙련 노동자를 고용했지만, 운반에는 품팔이 노동자를 고용하였다. 얼음의 운반은 가난한 강민이 겨울철에도 살아갈 수 있는 일거리였다.[44]

화물의 운송, 마부색장馬夫色掌 엄웅찬嚴雄贊

화물의 하역 운송인 운부역運負役도 강민이 자생하는 일 중 하나이다. 정부 공용 물자의 운부역 역시 서울 5부의 주민이 수행하는 방역이었지만, 17세기 초 경강의 강민에게 부과되었다. 경강으로 세곡을 실은 배가 정박할 때 강민 가운데 말이 없는 자는 등짐을 져서 뭍으로 내리고 품삯을 받았다. 말이 있는 자는 그 짐을 말에 실어 창고에 들이는 일을 했다. 이러한 노동력 징발 체계는 장빙역의 경우와 마찬가지로 17세기 후반 물납세로 변화되었다가 18세기 초 결성된 운부계運負契·모민계募民契·마계馬契 등의 공인계가 운부역을 담당하였다.

운부역의 경우 품삯이 많아 부를 축적할 수 있는 이점이 있어 도성 안의 돈 있는 사람들이 강민을 협박해 이를 빼앗으려는 자도 많았다. 특히 마부馬夫의 경우 조선 초부터 한성부 낭청의 관리하에 경강에서 전세田稅와 대동세大同稅를 운반하고 그 대가로 1석마다 쌀 3홉合 5사夕를 받았다. 그러나 중도에 폐단이 생겨 한성부 낭청이 관리하는 규정을 혁파하고 마부색장을 두어 통솔하도록 했다. 이때 마부색장이 된 사람이 경강에 사는 엄웅찬의 8대조였다.

마부색장은 세곡을 운반해서 창고에 들일 때 많은 세마貰馬

를 보살피고 단속하는 일을 맡았다. 이는 강민의 영업이었으며, 배마다 어느 정도의 쌀(米)을 받았는데, 대개 1,000석당 1석이었다. 마부색장이 강민의 영업이 된 이유는 임진왜란과 병자호란 두 전란으로 임금이 피난할 때 강민이 국가의 중요한 사책史冊 및 판적版籍을 담당하여 수송했기 때문이다. 그 공로가 인정되어 선조, 인조 대에는 국가에 공적이 있는 자 가운데 마부색장을 원하는 경우 다른 역은 면제하고 영원토록 본업으로 삼도록 했다. 엄응찬의 부친 역시 마부색장으로, 1728년(영조 4) 무신난 때에 도색장都色掌이 되어 외창外倉의 쌀과 콩을 비롯해 각종 군기軍器를 운반하기도 했다.[45]

하지만 화물 운송을 하는 마계·마부계 등이 만들어지고 매매되어 감에 따라 마부색장업을 노리는 사람들은 많았다. 영조 대에는 동산별감東山別監들이 위세를 부리며 강민을 협박해 억지로 빼앗으려 하자, 영조가 이들을 유배 보내며 강민의 본업을 지키도록 했다. 오강五江의 마부색장을 300년 동안 내려온 가업으로 삼았던 엄응찬의 집안 역시 숙종 대 이후 여러 차례 빼앗겼다. 1711년(숙종 37)에는 마계가 재정 부족을 이유로 마부색장업을 빼앗으려 했으며, 1759년(영조 35)에는 세력가의 하속下屬들이 멋대로 영업을 빼앗았으나 왕에게 상언하여 되찾을 수 있었다. 1765년(영조 41)에는 한세주韓世柱 등이 흑석리와 토정리 두

강변에서 일하는 하역 인부들, 국립민속박물관 소장

마을은 자신들의 관할구역이라고 무고하여 이 지역의 마부색
장업을 빼앗았지만, 엄웅찬이 억울함을 호소해 되찾아 올 수 있
었다.[46] 엄웅찬의 예에서 볼 수 있듯이 마부색장업을 지키려는
강민과 이를 빼앗으려는 사람들 사이에 그 권리를 둘러싸고 갈
등은 계속되었다.

3

경강 변 사건·사고

경강 변 유흥 공간의 형성

조선 후기 경강에는 아름다운 풍경을 즐기려고 찾아오는 유람객들을 비롯해 시장에서 물건을 팔거나 사러 오는 사람, 각 지역의 뱃사람, 물건의 하역을 하는 짐꾼, 서울로 올라오는 지방 상경인 등 많은 사람으로 북적거렸다. 이에 경강 변에는 각종 오락과 연회가 빈번했고, 술집이 성행했다. 술에 대한 정부의 규제가 강화되었지만, 오히려 술을 판매하는 술집과 양조장은 증가했다. 서울 내 술집이 전체 가호의 절반이 될 정도로 많았고, 도성 안에서 하루에 빚는 술의 양이 밥을 짓는 쌀의 양과 비슷하다고 할 정도로 술의 수요는 많았다.

곡물이 운송되는 경강 변 역시 마찬가지였다. 삼강에 정박하고 있는 미선米船들도 모두 술을 빚는 집으로 쌀을 팔았다. 따라서 경강에는 대규모 양조장이 조성되었다. 술을 빚는 집에서는 많게는 50개의 술독이 즐비했다. 술을 빚는 데 사용되는 곡물의 소비량은 1년에 약 10만 석이었다. 경강 변 강민은 술의 제조 및 판매와 함께 원료인 누룩까지 팔아 도성 안 술집들이 폐업하는 지경에 이르기도 했다.

경강에서 제조하는 삼해주三亥酒도 문제시되었다. 삼해주는 돼지날인 해일亥日에 세 번에 걸쳐서 빚은 술을 의미한다. 『산림경제』에 따르면 삼해주는 정월 첫 번째 해일에 밑술을 빚고 다음 해일에 덧술을 하고, 다시 돌아오는 세 번째 해일에 2차 덧술을 한 후 3개월 동안 익혀 냈다. 따라서 음력 정월에 술을 빚어 버들가지가 날릴 때 마신다고 해서 삼해주를 '유서주柳絮酒'라고도 했다. 조선시대 사람들이 일반적으로 많이 먹었던 술이었으며, 특히 경강 가운데에도 물맛이 좋은 동막 근처가 삼해주의 명산지였다.[47]

정부에서는 흉년이 아닌데도 서울의 쌀값이 급등하는 이유를 경강의 삼해주 제조에서 찾았다. 삼해주 제조로 1년에 소비되는 쌀이 몇만 석이 되는지 알지 못할 정도로 소비가 많았기 때문이다.[48] 경강의 돈 많은 백성을 비롯해 양반, 관리들은 수만 석의 곡식을 사들여 양조와 술을 판매하는 매주賣酒 행위를 했다. 1853년(철종 4) 포도청에서 삼해주 제조를 단속하기 위해 경강의 집들을 일일이 조사했다. 이때 포도청에 의해 적발된 사람은 대부분 양반이었다. 서부 만리현萬里峴에 사는 유학 임홍렬林弘烈의 집에서는 새로 빚은 술독 32개가 적발되었다. 공덕리孔德里에서는 여러 명이 포도청의 단속에 적발되었다. 공덕리 판정동板井洞에 사는 유학 김진우金振羽 집에서는 술독 30개가 발견

《애일당구경첩愛日堂具慶帖》〈무진추한강음전도戊辰秋漢江飮餞圖〉, 한국국학진흥원 소장
(중종 3) 가을 영천군수로 떠나는 이현보李賢輔의 전별연을 한강 제천정에서 하는 모습을 그린 것이다

되었고, 양반 과부 김씨의 집에서는 37개가 나왔다. 같은 마을 감정동甘井洞에 사는 한윤성韓允成의 집에서도 술독 20개가 발견되는 등 공덕리 한 마을에서만 87개의 술독이 적발되었다.[49] 이에 포도청에서는 이들을 잡아 가둔 후 용산과 마포 등 각 강에 삼해주 제조를 금지하는 전령을 내며 불법으로 술을 제조하는 자들을 단속했다.

돈이 없는 강민도 외상으로 곡물을 사들인 후 단속을 피할 수 있는 양반 집을 빌려 술을 빚었다. 심한 경우 도성 안 권세가의 집처럼 형조·사헌부·한성부 등 법사法司의 하례나 포교가 단속하기 힘든 곳이나 아예 드러내 놓고 매매할 수 있는 곳으로 옮겨 술을 빚었다. 이에 조정에서는 양반집이나 권세가에서 술을 빚어 금령을 범하는 경우 잡아들여 처벌하고, 저항하며 단속을 막는 자는 도적을 잡아 다스리는 치도율治盜律로 처벌하도록 했다.[50]

이처럼 수백 석의 곡식과 물산이 경강 변 술도가와 술집으로 들어갈 정도로, 술을 중심으로 한 유흥의 규모가 컸다. 경강으로 조운선이 올라올 때마다 강촌의 돈 많은 사람은 창기와 함께 술을 싣고 강변으로 마중 나가 뱃사람들을 끌어모았다. 뱃사람들이 화수和水의 방법으로 쌀가마니를 물에 불려 무게를 늘린 후 그 차이만큼 빼돌렸던 것도 술값을 마련하기 위해서였다.

4 〈**남녀유도男女遊賭**〉, 국립민속박물관 소장

남자와 2명의 여자가 맞담배를 피우며 도박을 하는 모습을 그린 것이다 경강 변에서는 투전, 골패骨牌, 쌍륙雙陸 등의 도박도 성행했다. 특히 경강 변 모래사장에서는 무인들이 내기 활쏘기(賭射)를 즐겼다. 마포 현석리玄石里가 대표적인 내기 활쏘기 장소였다. 내기 활쏘기에는 물주와 활을 쏘는 사수자射手者가 있었다. 이들은 100전錢의 돈을 걸고 가운데를 맞힌 자에게 건 돈의 3배를 준다고 하며 양반의 자제들을 내기 활쏘기에 끌어들여 가산을 탕진하게 했다. 이에 포도청에서는 마포 가설 군관과 각 마을의 두민頭民에게 내기 활쏘기를 금지하게 하라는 전령을 내렸다.[51]

한강 변 모래사장인 사평리沙坪里에서도 내기 활쏘기가 성행했다. 포도청에서 내기 활쏘기 도박장을 운영한 사람들을 붙잡았는데, 5인이었다. 도박 돈을 대주는 물주로 김성문· 유만춘이, 활을 쏘는 자로 박지상·김상현·유상홍이 체포되었다. 이들은 처음에는 사람들의 호기심을 유발하는 정도로 활쏘기를 하다가 점차 내기 돈을 늘려 재물을 빼앗았다. 심지어 내기 활쏘기에 참여한 사람이 울화를 참지 못하고 죽는 일도 벌어졌다. 포도청에서는 내기 활쏘기의 폐해가 골패보다 심하다고 생각해 경강의 폐단 중 하나로 지적할 정도였다.[52] 무뢰배들에 의한 내기 활쏘기는 사평리·현석리 외에 경강 변 모래사장을 포함해 광주·과천 등지에서도 많이 행해졌다.

음주와 도박은 곡물과 재산을 탕진하는 원인이었을 뿐만 아니라 폭행이나 살인을 유발해 윤리와 기강을 어지럽히기도 했다. 서부에 사는 박소완朴紹完은 여종의 남편인 방춘대方春大가 안뜰에서 만취 상태로 욕설을 퍼부으며 술주정을 하자, 그의 머리채를 잡고 질질 끌어 내쫓았다. 그날 밤 방춘대는 고통을 호소하며 사망했다. 서부의 전광진全光珍은 친구 조봉재趙奉才를 칼로 찔러 사망하게 했다. 그는 자신에게 술을 주지 않는 것에 못마땅해 있다가 술에 취하자 화를 참지 못하고 조봉재를 칼로 찔러 죽였다.

투전이나 골패를 하는 도박꾼들은 가진 돈을 다 날리면 도박장 물주에게 돈을 빌리고 차용증을 작성하는데 나중에는 수십 배의 이자를 물리게 되는 상황까지 벌어졌다. 경강 변 많은 사채업자 가운데 압구정에 사는 이인대李仁大의 횡포가 『일성록』에 등장한다. 그는 과천에 사는 양복돌梁福乭에게 40냥을 빌려준 후 3배 이상인 140냥을 갚도록 했다. 갚지 못하면 채무자의 가족들을 인질로 잡아 폭력을 행사했다. 과천에 사는 안삼국安三菊은 강태산姜太山의 호패를 훔쳐 가서 압구정의 이인대에게 20냥을 빌렸다가 갚질 못했다. 그러자 이인대는 호패 주인인 강태산을 묶고 마구 몽둥이질해 그에게 37냥을 받아 내기도 했다. 둔지방 와서瓦署에 사는 양녀 서소사는 할아버지가 같은 동네에 사는 양반에게 10냥을 빌렸으나 갚질 못하고 사망하자, 양

반의 손자가 채무를 빌미로 그녀를 강제로 여종으로 삼으려고
했다. 빚 독촉을 이기지 못한 뚝섬의 촌부가 자살하는 사건도
있는 등 경강변 사채업자의 횡포는 극심했다.

마포 강변 어린이 살해 사건

조선 후기 서울의 범죄 발생 비율은 전국에서 가장 높았다.
상품화폐 경제의 활발한 움직임 속에 인구 과잉, 빈부 격차의
심화, 유흥문화의 발달 등 서울의 사회경제적 상황은 범죄를 양
산하는 원인이 되었다. 1797년(정조 21) 마포에서 발생한 오봉루
살해 사건은 당시 서울의 사회상과 맞물려 일어난 강도살인 가
운데 하나였다.

경강은 17세기 후반 전국 최대 시장으로 성장했다. 마포에
는 소금과 쌀 등을 판매하는 염전鹽廛·미전米廛이 있었으며, 칠
목전柒木廛·잡물전雜物廛·간수전艮水廛과 토정고초전土亭藁草廛·토
정시목전土亭柴木廛 등 각종 시장이 개설되어 있었다. 용산에도
염전鹽廛·시목전柴木廛·옹리합회전瓮里蛤灰廛이, 서강에는 미전·
시목전 외에도 흑석리 시목전이 설치되어 있었다. 이러한 경
강의 시장은 도매시장의 기능도 해, 소매상이나 행상들이 경강

에서 어염·젓갈·목재·술 등을 사서 도성 안 경민에게 판매하였다. 따라서 도성 안과 경강 시장을 연결하는 도로가 마포·용산·서강이 있는 서쪽 지역을 중심으로 복잡하게 연결되었다. 조선 후기 서울 도로 가운데 서강, 마포로 통하는 애오개 길과 용산으로 가는 약점현藥店峴 길은 곡물이 폭주하고 많은 수레가 이동하며 사람들의 왕래가 빈번한 길이 되었다.[53]

15살의 어린 오봉루吳鳳樓는 부평에 거주하는 오성유吳聖裕의

일제강점기 경성의 시장 모습, 서울역사박물관 소장

물건을 놓고 파는 시장의 모습을 엽서로 만든 것이며, 경성 소재 'Hinode-Shoko'에서 제작하였다

아들이다. 그가 마포에 온 이유는 작은아버지를 따라 땔나무를 팔기 위해서였다. 오봉루를 살해한 김종득金宗得은 서강 수철리水鐵里에 사는 강민이다. 그는 같은 마을에 사는 김오복金五福과 땔나무를 사러 마포에 갔다가 어린 오봉루를 산골짜기로 유인한 후 돌로 머리를 구타하고, 칼로 목과 배를 찔러 잔인하게 살해했다.

오봉루의 아버지 오성유는 사건 당시의 상황을 다음과 같이 진술했다.

저는 부평에 사는데, 저의 동생 성록이 이번 달 18일에 땔나무를 팔러 경강으로 향할 때 15세인 저의 아들 오봉루 또한 땔나무를 팔려고 마포로 따라갔습니다. 옹리에 거주한다고 하는 어떤 사람이 땔감 바리를 사고자 하여 제 동생이 그에게 땔감을 팔고 이어 제 아들더러 사려는 사람이 있는 곳을 가리키며 갔다 오게 했습니다. 날이 점점 저물어 가는데 저의 아들은 끝내 모습이 보이지 않으므로 저의 아우가 강가 마을을 오르내리면서 이름을 부르고 물어봐도 아무 데서도 찾을 수 없었습니다. 이럴 즈음 도장都掌이라는 사람이 방금 몰래 도살하는 것을 잡아갔으니 만일 잃어버린 소가 있으면 그 두피頭皮를 자연히 볼 수 있을 것이라 하였습니다. 그래서 제가 따라서 포도대장 댁에 가서 소머리를 보니 과연 잃어버린 소였습니다. 이어 저의 아들의 거처를 물어 보니 포교의 말에 소를 훔친 놈이 제 아들을 죽여 백어혈白魚穴에 던지고 소를 몰래 도살하였다가 포도청에 잡혔다고 하였습니다. 그제야 제가 아들이 살해된 것을 알게 되었습니다.

—『일성록』, 정조 21년 12월 2일 정유

살인범 김종득은 마포에 가서 오봉루가 파는 땔감을 산 후 그에게 자기의 집까지 운반하도록 하였다. 오봉루가 싣고 온 땔감을 마당에 내려놓자, 김종득은 어린아이의 소를 빼앗을 욕심으로 살해할 계획을 세웠다. 그러고서 오봉루에게 땔나무 값을 준다고 꾀어 산밑 외진 곳으로 데려간 후 돌덩이로 먼저 머리를 친 다음 칼로 목과 배를 찔러 그 자리에서 즉사하게 했다.

살인범 김종득은 오종루를 살해한 당일 포도청에 붙잡혔다. 그러나 그의 살인 행각이 드러나서가 아니었다. 그가 붙잡힌 것은 오봉루에게 빼앗은 소를 몰래 도살하다가 포교에게 발각되었기 때문이다. 포교들은 김종득을 몰래 소를 도살한 잠도潛屠의 죄로 체포한 후, 소 주인의 행적을 캐묻는 과정에서 그가 소

(金俗43)　　　Oxe Market　　　撮.市の牛　　　(俗風鮮朝)

그림 16 소를 파는 우시장의 모습, 서울역사박물관 소장

주인을 살해했음을 확인했다.

오봉루의 사체 부검은 북부도사北部都事 서홍보徐興輔가 했다. 오봉루의 두개골과 미간 등 얼굴에는 사정없이 돌로 친 흔적이 있었으며, 목과 명치, 배꼽 위, 옆구리 등은 칼로 찔러 오장육부가 드러나 있었다. 김종득이 어린아이를 얼마나 참혹하게 살해했는지 알 수 있다. 정조는 김종득의 잔인한 행각에 대해 살인과 강도의 율을 적용해 바로 참형에 처했다.

오봉루 사건처럼 조선시대 강도살인의 대부분은 인구 이동이 빈번한 서울에서 발생했다. 특히 경강 주변은 도성 무뢰배의 주요 범행 지역이었다. 서울 사람들의 대표적 소비 품목이 땔나무였기 때문에 타지에 사는 땔나무 상인들은 시목전이 많이 개설된 경강 지역으로 몰려들었다. 특히 상인들은 운송 수단이 소였기 때문에 이를 노리는 무뢰배의 주요 목표물이 되었다. 조선 후기 서울 지역 유흥의 발달은 쇠고기의 수요를 증가시켜 소도둑이 증가하는 원인이 되었다. 1839년(헌종 5) 고양에 거주하는 김명길은 서울에서 소에 이엉을 싣고 서소문 밖에 이르렀다가 김진성과 김윤길에 의해 술집으로 납치되어 독이 든 엿을 먹고 살해되었다. 이 사건의 피해자가 살해당한 이유 역시 소를 가지고 있었기 때문이다. 김진성 등은 훔친 소를 몰래 도살한 후 소고기를 시장에 판매하여 돈을 벌려고 했다.

　조선시대 금우禁牛 정책의 해이와 돈에 대한 사람들의 욕심이 살인을 유발하는 한 원인이 되었다. 여기에 외부에서 들어오는 이동 인구의 증가, 그로 인한 익명성의 강화는 쉽게 범죄가 일어날 수 있는 요인이 되었다.

미곡을 둘러싼 폭행과 살인

　도성 안에서의 경작은 금지되어 있었다. 따라서 서울 사람들은 지방에서 올라오는 세곡이나 경강상인이 운반해 온 호남·호서·경기 지역의 쌀을 소비할 수밖에 없었다. 더구나 18~19세기 서울의 인구 증가는 쌀의 상품화를 더욱 촉진해 미전상인들이 농간을 부리면 도성 안 쌀값은 대단히 불안정했다. 전국 각지의 물가를 파악하고 있는 상인들은 서울의 쌀값이 떨어지면 흉년이 들어 비싸게 오른 지역으로 쌀을 공급해 이득을 챙기거나 창고에 쌓아 두었다. 그러다가 쌀값이 오르면 팔아서 10배의 이득을 챙겼다.[54] 이처럼 서울의 쌀값은 경강상인에 의해 조종되었으며, 시중의 물가 변동에도 영향을 주었다.

　땔나무도 서울 사람들의 주요 소비 품목이었다. 정부에서 도성 안 사산四山에 있는 소나무를 함부로 베지 못하도록 했기 때문에 서울 사람들은 땔감을 모두 시장에서 사야만 했다. 각지의 땔나무가 뚝섬이나 두모포 등지로 모였으며, 시목전 상인들은 폭리를 취하기 위해 경강 상류에 땔감을 쌓아 놓고 한두 척만 수송해 땔나무 값을 올리기도 했다.[55] 따라서 모리배의 농간으로 미곡과 땔나무의 가격 변동은 심했으며, 이로 인해 서울의 물가는 항상 불안정했다. "서울 사람들의 평안함과 근심이 오로지 쌀값에 달려 있다"[56]라고 말할 정도로, 쌀값의 급등은 서울 사람에게 있어 민감한 사안이었다.

경강 주변으로는 미곡 창고와 쌀을 파는 시장이 많았다. 용산은 한강 상류로부터 세곡이 하역되는 곳으로, 각사 서리의 급료를 지급하는 군자감 창고와 만리창이 있었다. 서강에는 충청·전라·황해도에서 거둔 세곡을 보관해 관료의 녹봉으로 지급하던 광흥창과 사복시의 강창고江倉庫·총융청 창고가 있었다. 서강과 마포에도 미전이 있어 미곡 판매를 독점하고 있었다.[57]

이처럼 경강에 미곡 창고와 미전이 있다 보니 자연 쌀을 훔치려는 무뢰배가 많았다. 인조 대 마포에 사는 선인船人 박신환朴信環, 유애생劉愛生 등은 여산礪山 고을의 삼별수미三別收米 300여 석을 뭍에 내려 창고로 들일 때 몰래 쌀 12석을 훔쳤다.[58] 정조 대 이광인은 나주의 조운선이 침몰했다고 속이고 쌀 100석을 도둑질했으며, 포도청에 붙잡히고 나서는 훔친 곡식을 뱃삯으로 받은 것이라고 주장했다.[59]

포도청에서는 경강의 순찰을 강화하기 위해 마포·용산·서강·서빙고·망원정·연서 등에 도장 군사를 배치했다. 창고 주변으로는 야간 경비인 좌경坐更도 강화했다. 총융청 창고의 경우 서강에 치우쳐 있어 항상 도적이 들 염려가 있었다. 따라서 정부에서는 도적을 방비하기 위해 망원정 주민에게 다른 잡역을 면제해 주는 대신 총융청 창고의 좌경에 힘쓰도록 했다.

경강에서는 쌀로 인한 강민 간 폭행이 빈번했고 그 과정에서 살인으로 번지기도 했다. 1780년(정조 4) 경강에 거주하는 뱃사공 이경운李景雲은 자신의 배가 침몰해 그 안에 실었던 곡물이 썩어 버리자 관아와 곡물 주인에게서 값을 물어내라는 독촉이 심했다. 그는 자력으로는 결코 곡물값을 변상할 수 없자, 매일 술에 빠져 지냈다. 그러던 어느 날 친구 박세근朴世根이 "네가 스스로 배를 침몰시켜 세곡을 포탈한 게 아니냐"며 자신을 의심하자, 화가 난 이경운이 그와 다투다가 칼에 찔려 사망했다.[60]

1854년(철종5)에는 서부 용산방 별영창別營倉 앞에 사는 미곡 상인 오원돌이 같은 동네에 사는 최금손의 옆구리를 칼로 찌르는 일이 발생했다. 이들이 서로 싸운 이유는 빌려 간 쌀을 갚지 않았기 때문이었다. 미곡 상인인 최금손은 며칠 뒤에 갚겠다고 하며 오원돌에게 백미 18석을 빌려 달라고 요청했다. 이에 오원돌은 최금손의 성화에 못 이겨 다른 사람에게 곡식을 꿔 백미를 빌려주었다. 하지만 약속 기일이 지났는데도 최금손이 갚질 못하자 오원돌 역시 자신이 빌린 곡물 주인에게 독촉받아 집을 빼앗길 지경이었다. 하는 수 없이 오원돌은 최금손에게 빚 독촉을 했는데, 그가 건방진 태도를 보이자 화를 참지 못하고 차고 있던 칼로 최금손의 옆구리를 찔렀다.[61]

경강의 미전상인이 자기 집에서 일하는 사람을 침학해 살인을 저지르기도 했다. 임지욱林枝郁은 정미精米를 판매하는 경강의 부호였다. 그런 그가 자기 집 담에 쌓아 놓은 쌀 한 섬을 도둑맞자 이웃에 사는 박순돌을 장작으로 때려 다음 날 죽게 했다. 이유는 쌀을 도둑맞던 날 박순돌의 처가 한밤중에 물을 긷겠다고 하면서 임지욱의 집을 갑자기 찾아왔고, 그녀가 다녀간 뒤 쌓아 놨던 쌀이 없어진 것을 알았기 때문이다. 박순돌의 처는 품삯을 받으며 임지욱의 집에 물을 길어다 주는 여자였다. 이에 임지욱은 박순돌 부부를 쌀을 훔친 도둑으로 여기고 그들에게 따져 물으며 늑골과 옆구리를 장작으로 때리는 등 폭력을 행사했다. 박순돌은 아무런 변명도 하지 못하고 정해진 기한 내에 갚겠다는 수기手記를 작성한 후 다음 날 사망했다.

구타치사죄로 임지욱이 옥에 갇히게 되자 그의 숙부는 연명으로 관아에 호소했다. 임지욱의 처는 남편이 부당하게 살옥殺獄에 걸렸으니 살아서 나오게 해 달라고 왕에게 상언까지 올렸다. 이웃들은 강상의 모리배인 임지욱을 두려워해 그가 악행을 저지르면서 가난하고 힘없는 백성을 죽였음에도 어떠한 증언도 하지 않았다. 오히려 박순돌의 시신을 조사할 때 임지욱의 편을 들기까지 했다. 이러한 마을 사람들의 행동에 정조는 임지욱의 후환을 두려워해 살아 있는 부자의 편을 들지언정 가난하고 죽은 박순돌을 돕지는 않을 것이라고 했다. 정조는 임지욱 외에 박순돌의 형 박감동이 화가 나 동생을 구타했으므로 사인이 명확하지 않으며, 사면을 내리는 시기였기에 임지욱을 엄히 형추刑推하고 석방하였다.[62] 경강의 부자와 가난한 일용노동자 사이에서 발생한 임지욱 사건은 경강의 부호들이 경제적 위세를 가지고 강민을 지배하고 있는 실태를 여실히 보여 주고 있다.

도성 주민들, 경강의 미상米商을 습격하다

18세기 이후 상품화폐 경제가 발달함에 따라 한성부에서는 쌀을 둘러싼 경제적 이득을 얻기 위해 경강상인과 도성 안 쌀을 파는 미전인 간의 담합이 심했다. 쌀 도매업자인 미상 도고都賈는 경강으로 들어오는 미곡 수만 석씩을 매점, 매석하여 한성부의 식량 사정을 악화시켰다. 이 과정에서 수요자인 서울 사람들과의 충돌은 불가피했다.

쌀을 둘러싼 경강상인과 서울 사람 간의 갈등은 1833년(순조 33) 3월 민중 소요로 폭발했다. 『조선왕조실록』에는 이와 관련된 상황이 구체적으로 서술되어 있다. 순조 연간 한성부의 쌀값은 경강으로 쌀이 많이 들어와 하락하는 추세였다. 이에 경강의 미곡상들은 쌀값을 올리기 위한 대책에 고심했다. 그 방법 가운데 하나가 여객 주인과 짜고 쌀이 도성 안으로 유입되지 못하도록 감춰 버리는 것이다. 거기에 더해 여객 주인 10명 가운데 1명만 쌀을 판매하고 나머지는 모두 가게를 닫아 버려 도성 안 쌀값은 점차 오르기 시작했다.

쌀을 파는 미전상인들은 여기에서 만족하지 않았다. 쌀값을 더 올릴 욕심으로 도성 안의 쌀가게를 한 곳도 남김없이 전부 닫아 버렸다. 경강상인들이 미전상인을 이용해 계획적으로 서울의 쌀값을 올릴 수 있었던 것은 서울에서 유통되는 모든 미곡을 독점하고 있었기 때문이다. 즉 경강상인이 서울 시내의 각종 미전상인들을 장악했다고 할 수 있다.[63] 그 결과 서울 사람들은 돈이 있음에도 쌀을 살 수 없어 먹는 길이 끊기게 될 지경이었다.

밥을 먹지 못한 데에 불만을 품은 일부 사람들은 도성 안 미전과 잡곡전에 불을 지르기 시작해 대다수 가게가 소실되는 피해를 받았다. 그래도 사람들의 화는 누그러지지 않았다. 이들은 일의 사단이 경강상인들이라고 생각해 경강으로도 달려가 쌀가마니를 쌓아 둔 집에 불을 지르는 등 도성 안과 경강의 상황은 심각했다.

사건이 점차 서울 사람들의 집단 폭동으로 번지려고 하자, 중앙 정부에서는 각 군영과 좌우 포도청의 장교와 나졸들을 대

거 동원해 소란을 피운 사람들을 진압하고자 했다. 그리하여 김광헌金光憲·고억철高億哲·홍진길洪眞吉·강춘득姜春得·우범이禹範伊·유칠성劉七成·노奴 범철範哲·황기정黃基禎·신대길申大吉 등 모두 52명을 폭동의 주동자로 체포했다. 김광헌은 호위군관이었다. 미상들이 쌀을 판매하지 않고 가격을 조종하는 데 원한을 품은 그는 사람들을 모아 미전을 허물고 가산을 파괴했다. 고억철 역시 미전상인들의 쌀값 조종에 분노하여 사람들을 선동해 도성 안 미전과 잡곡전을 부순 후 경강으로 달려가 곡물을 쌓아 둔 가옥 15채에 불을 질렀다. 홍진길은 손에 방울을 들고 소리치며 사람들을 선동하는 데 앞장섰다. 강춘득과 우범이·유칠성·범철 등은 큰길가에 있는 미전에 불을 지르고 경강의 가옥을 부수는 데에 동참해 체포되었다. 이 밖에 황기정黃基禎 등 11명은 단순 참가자이거나 위협에 못 이겨 참여한 사람들이었다.

쌀 폭동을 주동했던 이들은 도성 안 시전상인을 비롯해 경강상인의 곡물과 가옥까지 공격 대상으로 삼았다. 이는 쌀값을 폭등시키고 미곡 유통을 경색시킨 주범을 정확하게 알고 있었다는 것이다.[64] 조정에서는 김광헌·고억철·홍진길·강춘득·우범이·유칠성·범철 등 7명을 사건의 주동자로 처리해 군영에 회부하여 즉시 효수했다. 종범 격인 황기정 등 11명은 형조로 이송하여 엄형嚴刑한 뒤에 멀고 험악한 지방에 충군充軍했다. 신대길 등 27명은 포도청에서 곤장을 친 후 방면했고, 지방에서 갓 올라온 김나용 등 7명은 잘못 알고 소요에 참여했으므로 풀어 주었다.

조정에서는 사건의 근본 원인을 미곡상인의 매점 행위로 보고 상인에 대한 처벌도 함께 시행했다. 비변사는 소요의 원인을 미곡상인의 모리牟利 행위와 쌀값을 둘러싼 경강상인의 농간에 있다고 보았다. 시전인과 경강상인이 서로 호응하여 몰래 결탁했기 때문에, 돈을 가진 자도 쌀을 살 수 없게 되었다고 생각했다. 따라서 비변사에서는 폭동을 일으킨 사람들과 함께 사건의 원인이 된 상인들의 처벌도 건의했다. 이와 함께 다시는 이런 일이 발생하지 않도록 경강의 미곡 매점을 금지하고 이들 상인에 대한 평시서平市署의 철저한 감독을 요구했다. 형조 역시 사건의 원인과 책임이 경강상인에게 있다고 강조했다.

조정에서는 비변사와 형조의 의견에 따라 사건 발생의 원인 제공자로 김재순·정종근·이동현·최봉려 등 강상 및 미전상인 4명을 처벌했다. 우선 동막 여객 주인으로 미곡의 매점과 쌀에 물을 타서 무게를 늘리는 화수和水의 불법을 자행해 사람들의 원한을 사게 된 김재순을 노량진 백사장에서 효수했다. 조정에서는 쌀을 두고도 팔지 않은 미전상인 정종근을 폭동 발생의 원인으로 파악하고 소요를 일으킨 주범들과 동일하게 노량진 백사장에서 효수했다. 하미전상인 이동현은 큰 되와 작은 되를 혼용해서 서울 사람에게 사용한 죄가 적용되었으며, 잡곡전인 최봉려는 쌀에 물을 섞은 화수곡인 줄 알면서도 이를 감춘 죄로 한차례 엄형을 받고 정배되었다.

쌀 폭동의 처리 과정에서 소요의 주동자인 7명이 효수된 데 비해, 원인 제공자인 상인은 2명만 효수되고 나머지 두 명은 폭동과 관련 없는 도량형과 화수곡의 판매로 처벌되는 등 정부의 조치는 미온적이었다. 그 이유는 경강의 상인들을 자극해 서울의 미곡 공급이 원활하지 못하면 더 큰 문제가 야기될 수 있었기 때문이었다.[65]

이처럼 서울 사람들은 경강상인이 자신들의 자본력을 이용하여 여객 객주와 미전상인과 담합해 폭리를 취하자 이에 반발하며 폭력으로 저항했다. 이 사건에 대해서는 조선 후기 상업자본이 성장하는 과정에서 도고 상업 체제에 반대하는 도시 빈민층의 저항으로 보았다.[66] 또한, 19세기 권력과의 결탁을 통해 이윤을 축적한 경강상인과 미곡 유통을 방해한다는 논리로 독점 상업의 단속을 약화시킨 정부의 조치가 맞물려 발생한 결과로 보았다.[67] 표면적으로는 저항의 주체가 서울의 하층민이었기 때문에 경강상인으로 대표되는 부상富商과 경제력이 약한 하층민 간의 갈등이었다. 19세기 도고 상업이 심화되는 경제 상황 속에서 드러난 경강상인의 민낯과 이에 극렬히 저항하는 도시 하층민의 반발을 여실히 보여 주었다.

관속官屬의 위세를 이용한 강민 살해

경강의 강민은 형조·한성부·사헌부의 하례下隸나 포도청의 포교 등의 관속 및 호강한 양반들의 토색질에 괴로워했다. 관속들은 관령官令을 핑계로 경강 주변에 드나들면서 강민을 못살게 굴었다. 이들은 양반에게는 금령禁令을 위반해도 풀어 주고 생색을 내는 대신 경강의 돈 많은 백성에게는 위협을 해서 따르지 않으면 폭력을 행사하기도 했다.

한성부에서 미곡의 난전이나 매점매석買占賣惜을 단속하기 위해 금례禁隸를 경강에 보내 쌀을 색출하는 과정에서 이들은 강민에게 수십 냥의 뇌물을 받았다. 1781년(정조 5) 팔강의 폐해를 알아보기 위해 파견된 팔강선유순막어사八江宣諭詢瘼御史 서용보徐龍輔가 정조에게 올린 강민의 폐단 가운데 하나는 금리禁吏가 경강에서 소란을 일으킨다는 것이었다. 그는 강민에게 농간을 부려 뇌물을 받는 금리들을 철저히 조사하여 받은 돈은 강민에게 도로 돌려주고, 해당 금리는 법에 따라 다스릴 것을 요청했다.

여러 상사上司와 각 아문에서 차인差人을 보내어 배를 붙잡는 일 역시 폐단이 많았다. 각사의 하인들이 경강으로 나가면 나루터의 진부에게 고함을 지르며 달려들어 임의로 채찍질을 하고, 술과 음식을 토색질했다. 조금이라도 마음에 들지 않으면 관사로 돌아와 관헌官憲에 고소해 진부를 잡아다가 가두거나 형장刑杖을 쳤다. 종반宗班 등은 병직兵職을 맡은 낮은 사람이라 하더라도 그의 노비들이 궁노宮奴라고 하면서 재물을 겁탈하고 심지어는 자기가 훔치고서는 나루터에서 잃어버렸다고 하며 집에 잡아다가 가두는 등 갖가지로 침해했다. 따라서 경강 나루의 진부들은 이들을 피해 달아나거나 흩어져 경강 나룻길이 끊어지는 폐해가 발생했다.[68]

강민이 관속의 횡포를 이기지 못하고 사망하기도 했다. 1849년(헌종 15) 서부 용산에 사는 한성부 사령 이필문은 안갑보를 폭행한 후 팔꿈치와 다리를 묶어 결박한 채로 강에 빠뜨려 죽게 했다. 뱃사공인 안갑보는 동생 안우문과 함께 용산에 사는 이백실에게 돈을 빌렸는데 갚질 못하자, 이백실은 한성부에 청원서인 소지所志를 내어 이들을 잡아다 기한 내에 돈을 갚을 수 있도록 요청했다. 이에 한성부 사령인 이필문 등 2인이 안갑보를 잡아가는 과정에서 예채例債를 요구했고, 그가 거부하자 폭력을 행사하고 강에 빠뜨려 익사하게 했다.[69] 예채는 지방 관원이 서울에 있는 중앙 관사의 하속에게 아쉬운 청을 하고 정으로 주던 돈인데, 점차 이들이 강제로 징수해 폐단이 되었다. 특히 형조와 한성부의 하속은 소송에 관련된 자들에게 예채例債, 패자채牌子債, 정채情債라 칭하며 명목을 만들어 침탈했다.

포교나 군졸도 도둑이나 도박꾼의 체포·순라 등을 목적으로 경강 주변을 순찰하다 강민과 충돌했다. 1795년(정조 19) 포교 전치눌은 용산에 사는 김귀득의 꾀임으로 동생 전호득이 도박에 빠져 전 재산을 탕진하자, 김귀득의 집으로 가 포박하고 발로 차 죽게 했다.[70] 이 사건은 도박꾼을 체포하려는 포교의 임무 수행 과정에서 발생한 폭행이었다. 하지만 그 이면은 포교가 위세를 이용해 강민을 못살게 굴다 결국 사망하게 한 것이다.

이처럼 강민은 형조·한성부·포도청의 포교 등 관속과 갈등을 겪고 있었다. 오강五江의 가설 포교는 포도청의 위세를 이용해 멋대로 강민을 기찰하다 그들과 마찰을 일으켰다. 군관들은 방납의 폐를 금한다는 핑계로 경강의 미곡상인에게 토색질을 해, 조정에서 삼강의 가설 군관을 모두 교체하기도 했다. 금령을 단속하는 형조와 한성부 법례의 횡포도 심해 조정에서는 강민에게 함부로 토색질하는 일이 없도록 포도청에서 철저히 살펴 적발하도록 했다.

뚝섬 주민의 포교 폭행: 강민의 집단행동과 저항

관속과 강민의 갈등은 철종 연간 뚝섬에서 폭발했다. 1851년 (철종2) 뚝섬의 거주민 수백 명과 포교가 충돌했으며, 그 과정에서 가설 군관 유해룡劉海龍이 사망하고 군관 두 명이 사경을 헤매는 등 많은 포교가 다치는 사건이 발생했다. 뚝섬의 강민은 칼과 몽둥이를 들고 효경교 하천 변에 있는 유개막流丐幕으로 쫓아가 막을 부수고 포교들을 난타했다. 아울러 포도청의 상징인 홍사紅絲로 포교들을 포박했고, 차고 있던 통부通符도 빼앗는 등 포교에 대한 불만을 드러냈다.

뚝섬 주민이 포교에게 폭력을 행사한 이유는 도적의 혐의를 받고 잡혀간 마을 주민 고덕철高德喆을 데려오기 위해서였다. 고완철高完喆은 형인 고덕철이 도박으로 금례에게 붙잡혀 갔다고 생각했다. 그런데 도적의 혐의를 받고 포교에게 체포되자 뚝섬의 존위에게 그를 구해 줄 것을 간청했다. 이에 존위 홍희일洪羲壹은 고덕철의 혐의가 확실하지 않은 것을 파악하고 중임中任 한종호와 동임洞任을 불러 마을 사람들에게 통지하고 집단으로 소지를 올리려 했다.

그러나 도적의 누명을 풀기 위해 청원서를 제출하려고 한 뚝섬 주민의 행동은 포교에 대한 집단 폭력으로 폭발했다. 수백 명의 사람이 포교를 향해 집단행동을 할 수 있었던 이유는 존위의 '손도출동損徒出洞' 때문이었다. 그들을 마을 주민으로 취급하지 않은 데다 뚝섬에서 내쫓겠다는 존위의 말에 뚝섬 주민들은 결속력을 가지고 집단행동을 했다. 하지만 단지 존위의 명령만으로 뚝섬 주민이 포교에게 폭력을 행사한 것은 아니었다. 고덕철의 혐의가 드러나기 전에 존위와 동임 등이 고완철의 말에 쉽게 동조해 포교에게 집단 대응을 할 수 있었던 데에는 포교에 대한 뚝섬 주민의 불신과 불만이 크게 작용했다.

포도청에서는 범인을 체포한 포교에게 포상을 주었기 때문에 도적이 발생하면 범행이 확실하지 않은 사람들도 잡아가 멋대로 도둑으로 만들었다. 순조 대 채태이가 좌변포교 이성춘의 처남 지태성과 말싸움을 하자 이성춘이 우변포교 김종태·이명수 등과 함께 그를 멋대로 잡아다가 몇 달 후에 풀어 주는 등 당시 포교는 무고한 사람들을 침학했다. 기찰포교인 이광도는 포교의 위세를 빙자해 양민을 멋대로 잡아 와 묶어 놓고 구타해 죽음에 이르게 했다. 포도청의 군사 조삼복은 돈을 잃어버리자, 이를 훔친 이일득을 잡아 와서 묶어 놓고 구타해 죽게 하였다. 포교 송천석은 걸인 장성손이 묻는 말에 대답을 잘 하지 않자 홍사로 난타하여 죽게 하였다.[71] 당시 국가에서 "유걸流乞을 침학하는 것이 포졸의 악습"[72]이라고 표현한 데에서 포졸들의 이러한 행태가 일상에서 얼마나 흔히 일어났던 일인지 쉽게 짐작할 수 있다.

뚝섬민의 소요에서도 고덕철이 도적으로 잡혀가자 마을의 존위와 동임·동민들이 무고임을 확인하고 소장을 올리려고 했던 것도 이러한 양상을 반영하는 것이었다. 이처럼 포교에 의해 도적으로 오인당하거나 능멸을 당하는 사람의 대부분은 남의 집 행랑에 거주하는 영세민이거나 걸인·짐꾼으로 생계를 유지하는 하층민이었다.

하층민의 포교에 대한 불만은 집단행동에 가담한 뚝섬 주민을 통해서 확실히 알 수 있다. 뚝섬은 두모포와 함께 강원도나 충청도 내륙지방의 산물을 한강을 통해 운반하여 집하하는 관문이었기 때문에 조선 후기 한강을 중심으로 한 선상들의 활동이 커지자 주목받게 되었다. 특히 뚝섬으로, 한강의 상류와 그에 이어지는 낙동강을 통해서 풍부한 영남지방의 물화가 집중되었다. 한강 상류에서 내려오는 목재는 뚝섬에서 거래되어 서울의 목재를 공급하는 주요 시장으로 성장하였다.[73] 따라서 뚝섬 주민의 대다수는 목재와 시탄柴炭 상인을 포함하여 이를 운송하는 짐꾼·마부·국수 장수·주막 주인 등이었다.

뚝섬민의 집단 소요에 적극적으로 가담한 자들의 직업도 짐꾼·마부 등 생활수준이 낮은 영세민이었다. 고덕철을 포교로부터 빼 오는 데 가담한 자들의 직업은 금난사령·짐꾼·마부·땔감 상인·국수 장수·술 장수 등이다. 뚝섬의 존위 홍희일이 사건의 주동자로 체포된 이경철·김관희·김순길 등 13명을 가리켜 '겸노의 무리(傔奴之屬)'[74]라고 말할 정도로 사회적으로 천대받거나 생활수준이 낮은 영세민이었다. 이 사건은, 이들이 자기 일이 아닌데도 사건에 적극적으로 가담할 수 있었던 데에 포교에 대한 불신과 원망이 큰 원인이었음을 단적으로 드러내고 있다. 경강의 강민은 시기가 지날수록 관속에 대한 침학을 거세게 받았으며, 19세기에 이르면 결국 관속에 대한 집단 대응으로 갈등을 표출하고 있었다.

4

강민의 분쟁 및 갈등

강민, '호송지민好訟之民'으로 불리다

18세기 후반 서강에 살았던 이규상은 강민에 대해 다음과 같이 말하고 있다.

대체로 동강은 인가의 성대함이 서강에 미치지 못하고, 서강의 인가는 마포만큼 조밀한 곳이 없다. 강인江人들은 날마다 이익을 꾀하기를 일삼기 때문에 전혀 선한 풍속이 없다. 경인京人들은 이들을 천시하여 '강가에 사는 놈(江者)'이라고 하고, '강가에 사는 사람(江人)'이라고 하지 않는다.

이규상은 강민의 특성에 대해서 자신의 이익만을 꾀하기 때문에, 선한 풍속이 없다고 말하고 있다. 영조 또한 "오로지 식리殖利만을 일삼아 나쁜 습속이 많다"[75]라고 강민을 폄훼했다. 두 사람 모두 강민에 대한 인식이 비슷했다. 즉, 강민은 자기 이득만을 일삼는 모리배라고 생각했으며, 그 결과 이들에게 선한 풍속은 없고 나쁜 습속만 있다고 보았다. 이러한 강민의 특성은 도성 안 경민에게 '강가에 사는 사람'으로서의 대우를 받는 것이 아니라 '강가에 사는 놈'으로 천시를 당하는 이유가 되었다.

그렇다면 이규상과 영조가 말하는 강민이 모리牟利만을 일삼아 선한 풍속은 없고 나쁜 습속만 있다는 것은 무엇을 의미하는 것일까. 이에 대한 답은 금군 최덕우의 말에서 찾을 수 있다. 그는 경강에서 발생하는 폐단의 하나로, 소송하기를 좋아하는 '호송지민'으로 강민을 언급했다.[76] 조선시대 사람들은 상언과 격쟁, 그리고 각종 소지所志를 통해 자신의 억울한 사정을 밝히거나 분쟁을 해소하려고 했다. 더욱이 상언·격쟁은 종래 사형의 형벌이 자신에게 미치거나, 부자 관계의 파악, 처와 첩, 양인과 천인의 분간 등 네 가지 사안(四件事)에 한해서만 할 수 있었다. 그러나 정조는 백성이 겪는 괴로운 일인 민은民隱에까지 상언·격쟁의 범위를 확대, 허용해 많은 백성이 자신의 사회경제적 문제까지도 청원하게 되었다.

특히 지방과 달리 서울 사람들은 민은에 대한 호소가 많았다. 민은의 내용으로 상공업 문제가 약 80%를 차지했다. 지역적으로는 경강이 위치한 서부에서 가장 많았다. 서부의 경우 서울의 3대 시전 가운데 하나인 칠패七牌가 반석방盤石坊에 있었으며, 경강 변 상업 중심지인 용산, 서강, 마포 등이 있어 이 지역을 중심으로 전개된 경제 변화에 강민은 민감하게 반응했다.[77]

정조 대 강민의 경제적 침탈에 관한 격쟁을 보면, 마포 강민 김광련은 반인에게 판 마포 염해전의 환퇴 문제를, 합정리에 사는 정수鄭燧는 서강민과 빙어선氷魚船의 영업권을 둘러싼 여객주인권 문제를 호소했다. 임학령과 팔강의 선인들은 조운을 이롭게 하기 위한 작대법作隊法과 호남의 조운 설치 문제를 호소했다. 그 밖에 엄응찬은 마부색장馬夫色掌의 문제를, 강이신은 뚝섬의 대시목전大柴木廛과 장목전長木廛과의 물종 분쟁을, 나원겸·김재심·박치문 등은 도고都庫의 문제를, 석중철·안대복 등은 위어소葦魚所 어부들에게 침탈당하는 폐 등을 여러 차례 격쟁을 통해 호소했다.

이러한 강민의 호소는 정조가 팔강민들의 폐막을 묻는 과정에서 그대로 드러났다. 용산의 경우 운부계인運負契人 임일신은 각 창고의 역인役人과 균등한 품삯을 주도록 요청했다. 신창계新倉契의 모민募民 전유태는 경기 대동大同 창고의 역인을 창고 주인에게 빼앗겼다고 호소했다. 사람을 모집해서 창고를 지키는 일을 전담하는 사람이 모민이며, 경기와 삼남의 세곡을 육지까지 운반하면서 품삯을 받는 사람은 역인이다. 역인들은 각 창고의 주인과 연결되었는데, 모민들이 주인이 있는 역인을 빼앗으려 하자 갈등이 발생했다.

용산의 강민은 미전米廛의 설치를 요구했다. 용산의 경우 인구수가 많음에도 불구하고 미전이 없어 마포로 가서 쌀을 사야하는 어려움이 있었다. 이 문제에 대해 한성부는, 마포에 가기위해 큰 언덕을 넘어야 하는 일이 주민들에게 큰 고충이 되는점은 인정했다. 하지만 마포 역시 같은 용산방의 구역이기 때문에 한 방坊에 미전이 두 개 설치되는 것은 사리에 합당하지 않다고 생각했다.

이 밖에 서강 흑석리의 경우 용산민에게 빼앗긴 운부역을 도로 돌려줄 것을 호소했으며, 망원정·합정리의 강민은 서강민과 빙어선의 영업권을 가지고 대립했다. 또한, 뚝섬의 강민은 대시목전과 내장목전內長木廛 시민이 물종을 가지고 서로 소송하는 문제를 호소했고, 마포의 강민은 망원·합정민에 의한 청석어선靑石魚船 침탈 등을 폐막으로 호소했다.[78] 이러한 강민의 호소를 통해 18세기 후반 경강 지역에서는 강민 간에 경제적 이득이나 침탈을 두고 상호 대립의 갈등 관계를 형성하고 있었음을 짐작할 수 있다.

강민과 성균관 반인泮人의 분쟁

쌀과 소금은 인간의 식생활에 가장 중요한 필수품이다. 특히 소금은 어물을 가공하거나 염장할 때 필요했으며, 쌀과 함께 가장 많이 소비되는 물품 중 하나였다. 조선 후기 서울의 경우 인구의 증가가 두드러지고 이에 따라 쌀과 소금의 수요가 많았던 만큼 상인들의 유통 활동이 활발하게 이루어지고, 이를 판매하는 시전도 점차 증가했다. 그 가운데 소금의 경우 경염전京鹽廛을 비롯해 마포를 중심으로 마포 염전·마포麻浦 염해전鹽醢廛 등이 신설되었다.[79] 따라서 17세기 중반부터 서울의 소금 유통을 둘러싸고 기존의 염전과 신설 염전 사이에 상권 및 운영권 경쟁이 벌어졌다. 마포 염해전 강민과 성균관 반인 간의 분쟁이 그 예이다.

소금과 젓갈의 판매는 마포 일대 강민이 조선 초부터 해 왔던 그들의 생업이었다. 판매하는 소금과 젓갈 역시 모두 경강에서 생산된 것이다. 자신들의 이러한 생활기반인 염해전 기지基址를 마포 염해전 강민은 1769년(영조 45)에 임시로 성균관의 반인들에게 팔았다. 기지는 여객 주인이나 시전이 영업권을 보유한 관할구역이다. 기지 안에서는 여객 주인이나 경강의 시전이 독점 유통권을 행사했다. 따라서 마포 염해전 기지의 매매는 소금과 젓갈에 대한 독점 유통권 및 시전의 운영권을 판 것이라 할 수 있다. 마포 염해전의 강민이 이토록 중요한 기지를 팔 수밖에 없었던 이유는 염해전의 운영 자금으로 충당하기 위해 각군영軍營에서 빌린 3,650냥을 갚지 못했기 때문이다.

마포 염해전의 강민은 12년 뒤인 1781년(정조 5) 2월 평시서平市署에 소장을 제출해 반인에게 판 기지를 도로 물려 달라고 요청했다. 평시서에 소장을 낸 이유는 각 시전의 전안물종廛案物種을 결정하고 그것의 전매권을 보호해 주는 역할을 담당하는 기관이었기 때문이다. 소장을 접수한 평시서에서는 반인은 도성밖 시전에 섞여 거처할 수 없다는 조정의 명령이 있다는 점을 근거로 들어 마포 강민에게 원래의 가격으로 염해전을 돌려주라고 판결했다. 그러나 평시서의 판결에 반인들이 불복하고 아무런 조치가 없자, 마포 염해전 강민들은 그해 9월에 다시 비변사에 소장을 제출했다. 비변사 역시 "강민에게 있어 염해업은 반인의 푸줏간인 도사屠肆와 같은 것이므로 값에 맞게 돌려주도

그림 17 《단원 풍속도첩》〈고기잡이〉, 국립중앙박물관 소장

배에 소금 항아리를 싣고 가서 물고기를 잡은 후 젓갈을 만드는 모습을 볼 수 있다

록 하라"고 하며 강민의 손을 들어 주었다.

이처럼 마포 염해전의 강민은 기지의 환퇴를 둘러싼 반인과의 소송에서 이겼지만, 반인들은 염해전에서 나오는 이득이 컸기 때문에 환퇴할 의사가 없었다. 성균관에서는 정식에 따라 염해전에서 세를 거두어 선비들을 양성하는 비용으로 삼고 있다며 비변사에 주장해 환퇴의 판결을 보류시켰다.

강민들은 1년 뒤인 1782년(정조 6) 9월 다시 한성부에 소지를 올려 "강민에게 환퇴하라"는 승소 처분을 받았다. 하지만 반인들은 여전히 성균관을 이용해 한성부의 판결에 불복했다. 한성부에서는 "현방懸房은 반인에게 속하고, 염해전은 강민에게 속하는 것은 법의 뜻이 정당하다. 그리고 10리 떨어진 강상江上에 반인이 어찌 왕래할 수 있단 말인가. 되돌려 주고 각기 자신의 생업을 지키도록 하라"고 공문을 보냈으나 반인들이 비변사에 알려 다시 취소되었다.

이처럼 1781년(정조 5) 2월부터 마포 염해전은 군영에 빚졌던 부채를 갚고 운영권을 되찾기 위해 평시서·비변사·한성부에 제출한 소장으로 환퇴의 처분을 받았다. 그러나 성균관에서 선비를 양성하는 데 필요하다고 강조하며 이 명령을 시행하지 않아 분쟁이 끝이 나지 않았다. 그러자 소송의 주도자였던 장두狀頭 김광련은 죽음을 무릅쓰고 왕의 행차에 나아가 격쟁을 통해

이 분쟁을 끝내고자 했다.

> 염해전은 저희가 300여 년 동안 생업으로 삼아 생계를
> 유지해 온 것입니다. 그러다가 본 시전은 기축년(1769,
> 영조 45)에 군영의 빚을 갚는 데 다급해 전호廛號를 잠시
> 반촌 사람들에게 이전해 주었는데 끝내 도로 물려주지
> 를 않았습니다. 속히 해조에서는 군영의 빚에 대해 본
> 래의 수효를 계산해 주게 한 뒤에 반촌 사람들에게 염
> 해전의 업을 도로 물려주게 하소서.
>
> ─『일성록』, 정조 6년 11월 21일

김광련의 호소를 들은 정조는 공시당상貢市堂上에게 좋은 쪽
으로 판결하여 다시 이 문제를 제기하는 일이 없도록 하였다.
그러나 이 분쟁은 계속 제자리걸음이었다. 오히려 반인들은 계
약 당시 매매 문서에 기재된 '영구히 판다(永賣)'는 문구에 따라
환퇴가 불가능하다고 반박해, 정조는 반인들의 손을 들어주기
까지 했다.

염해전 기지를 둘러싼 마포 강민과 반인 간의 환퇴 분쟁은
1781년(정조 5)에 시작하여 1788년(정조 12)까지 7년 동안 계속되
었다. 강민들은 수차례 소송과 상언·격쟁을 통해 염해전의 환

퇴를 호소해 마침내 1788년 정조로부터 '환퇴하라'는 판결을 받게 되었다. 하지만 마포 염해전을 환퇴하기 위해서는 많은 돈이 필요했다. 이에 호조와 균역청의 자본이 투입되었다. 마포 염해전 사람들은 우선 호조에서 2,000냥, 균역청에서 4,000냥 총 6,000냥을 지원받았다. 그리하여 5년 동안 매년 1,200냥씩 나누어 상환하는 방식으로 염해전 기지를 되찾을 수 있었다.[80]

마포 강민과 반인 간의 분쟁은 현방이 반인의 세업世業으로 인식된 것처럼 마포 염해전은 마포 강민의 세업으로 그들이 가진 독점 영업권을 지키려는 싸움이었다. 마포 강민이 가진 젓갈·소금의 독점권을 반인이 취한다는 것은 곧, 이 시기 특정 상품에 대한 독점 구매와 유통권이 점차 경쟁 체제로 전환하고 있다는 의미이기도 하다. 강민들은 이러한 분위기 속에서 자신들의 독점권 침해에 제동을 걸었으며, 7년간의 분쟁을 통해 이를 지켜 내고 있었다.

강민과 마계인馬契人과의 갈등

조선 초기부터 공용 물자에 대한 운반은 한성부 백성이 수행해야 할 방역 중 하나였다. 17세기 이후가 되면서 경강으로 수많은 배가 몰려들어 화물의 하역과 운송 수요가 크게 늘었다. 이에 공용 물자를 싣고 운반하는 태운역駄運役·운부역의 경우 경강 주변의 강민에게만 부과되었다. 하지만 운반해야 할 짐은 많은 대신 이를 운반할 강민의 수는 한정되었다. 호조에서 지급하는 운임도 규정에 미치지 못해 태운역은 강민에게 큰 부담으로 작용했다. 더욱이 이를 피해 도망하거나 면제받으려는 강민이 많았다. 심지어 서부 용산방 옹리계의 경우 1,000호 가운데 2, 3명만이 방역에 응하는 실정이었다.

태운역의 폐단을 없애고 보다 효율적인 운영을 위해 강민 가운데 계契를 만들자는 논의가 대두되었다. 이에 1707년(숙종 33) 3강 주변 특히 서부 용산방에 거주하는 강민 50여 명이 마계를 조직했다. 마계는 주로 국가의 물자를 수송하고 호조로부터 받는 1태駄 당 쌀 6승 또는 8승씩 지급하는 품삯인 역가役價와 강민이 1년에 호戶당 3냥씩을 내는 동전洞錢으로 운영되었다.[81]

그러나 강민 가운데 동전을 내지 않기 위해 역이 면제되는 군문이나 아문 등에 들어가 방역을 피하거나 도망하는 경우가 많았다. 따라서 남아 있는 강민에게는 동전의 징수가 큰 고역으로 작용했다. 부유한 강민의 면역·피역避役으로 인한 동전의 감축과 호조 역가의 삭감이나 미지급 등의 폐해는 마계의 재정을 악화시키는 원인이 되었다. 이런 폐단을 제거하기 위해 한성부는 역을 부담하는 응역호應役戶가 1년에 3냥씩 바치는 기존의 동전 징수 방식을 폐지했다. 그 대신 경강 각 마을의 모든 호가 봄과 가을에 3전씩 내는 방안을 마련했다. 이에 따라 1735년(영조 11) 봄부터 강민 가운데 맹인, 70세 이상의 독녀獨女 등을 제외하고 사대부·군문의 군병·관사의 하인·액정서 소속을 막론하고 대중호大中戶는 5전, 소잔호小殘戶는 3전씩 동전을 징수하는 방안을 시행하려고 했다. 한성부와 마계의 입장에서는 호당 징수해야 하는 액수는 감소하지만, 징수 대상이 대폭 증가했기 때문에 이전보다 마계의 재정을 안정화할 수 있는 시책이었다.

이러한 와중에 1735년(영조 11) 윤4월 강민 300~400명이 경강변 모래사장에 모여 서부 용산방에 거주하는 마계인의 집을 습격하는 사건이 발생했다. 이들은 대부분 서부 용산방, 서강방, 남부 둔지방 37개 마을의 강민들이다. 서빙고에 사는 홍삼팔리洪三八里·이태운李泰雲·임만수林萬秀·김순필金順必·양성추梁成樞·이춘발李春發, 탄항灘項에 사는 김두배金斗培·엄광춘嚴廣春·사촌沙村의 최갯동崔㖵同, 마포의 김흥준金興俊·김흥세金興世 형제·최응두崔應斗, 서강의 김선달金先達 등과 경강 각 마을 군병 수백 명이었다. 강민들은 강변 모래사장에 모여 맹약을 낭독한 후 일제히 큰소리로 마계인을 욕하면서 그들의 집과 기물을 파괴하고 가족을 구타하고 재산을 약탈했다. 습격당한 마계인은 서부 용산방 신창내계新倉內契에 거주한 신명상申命相, 용산 곽계槨契의 정만윤鄭萬潤, 탄항계의 김용원金龍元·신창섬申昌暹·송두추宋斗樞·조상렴趙尙廉·손영석孫永碩, 옹리계의 박태도朴泰道, 마포의 신진섬申進暹 등 9인이다. 더욱이 강민들은 마계인 조상렴을 결박한 후 종이 깃발을 등에 꽂은 채 길거리에서 조리돌리기까지 했다.

사건 주동자의 신분을 보면 용산방 사촌리계의 최갯동·박세근朴世根은 통덕랑通德郎이었으며, 마포계의 최웅두는 잡과 출신자, 최사제崔思齊·박태후朴泰垕는 출신, 이성하李聖夏, 정경성鄭慶成은 유학이었다. 군관들도 참여했다. 김흥세는 금위영 대기수大旗手였으며, 김두배·양성추·이춘발·문천웅文千雄·김정우金鼎禹·이덕노李德老는 호위군관, 김중여金重呂는 금군, 임만수는 어영청 군관, 김수악金壽岳은 전 별장, 이동번李東蕃은 만호萬戶였다. 대체로 삼강에 거주하는 유학, 출신 등의 양반층과 군관, 군병이 마계인 습격의 주동자였다.[82]

이들이 강민과 함께 마계인을 공격한 이유는 마계에 내는 동전洞錢이 직접적인 원인이었다. 앞서 말한 한성부의 새로운 동전 징수 방식은 기존에 동전을 냈던 강민에게는 전체 액수가 3냥에서 3~5전으로 대폭 줄어 환영을 받았다. 하지만 면역 대상으로 그동안 동전을 내지 않았던 양반층이나 각종 군병, 경강변 상인에게는 불만의 요인이었다. 특히 각 군문에서는 한성부에서 동전을 거두기도 전에 자기 군문에 소속된 강민에 대한 동전 징수의 면제를 요구했다.[83] 강민에 의한 마계인 습격을 지평 이성효李性孝가 "삼강의 군병이 무리 지어 소란을 일으킨 것으로 전에 없던 변괴"[84]로 규정짓듯이 삼군문의 군병과 호위청 군관들이 주도적으로 참여했던 것은 동전 징수 문제가 컸다. 호위군관은 금군과 달리 자신들만 동전을 내는 것은 불공평하다며 불만을 드러내고 있었다.[85]

1735년(영조 11) 강민과 마계인의 충돌은 마계의 재정 확보를 위해 응역應役의 유무를 따지지 않고 모든 강민의 가호마다 동전을 징수하고자 한 한성부의 강화 정책에 대한 반발이었다. 즉 마계인과 면역 대상자인 경강의 양반, 군병 간의 대립이라고 할 수 있다. 더욱이 계원 가운데 서울 각 관사의 이서배·한성부 서리·종실의 후손 등이 모리 행위를 일삼고, 마계가 운부계와 통합하여 도고화都賈化하면서 군병을 비롯한 강민의 불만을 산 것도 한 요인이 되었다. 정부는 강민의 불만이 집단 소요의 형식으로 발생하자 가호마다 동전을 징수하는 방식을 즉시 폐지했다. 그리고 마계인의 요청에 따라 1년에 운송하는 바리를 1만 필로 정해 봄가을로 나누어 쌀을 지급하도록 했다.[86]

강민 간의 30년 분쟁: 주인권을 둘러싼 강민 간의 갈등

18세기 경강 내 상품유통 구조에서 중요한 존재로 성장한 계층은 여객 주인이다. 서울로 들어오는 지방의 선상은 자신들이 싣고 온 상품의 매매를 위해 반드시 주인을 정했다. 여객 주인은 이들의 상품 매매를 중개하고 10%의 구문口文을 받아 생활했다. 18세기 초 지방의 선상들은 마포에 배를 정박하면 궁방 노비들의 침탈을 받는 경우가 많아 이를 막기 위해 주인을 정해 상품을 매매했다. 또한 배를 사고팔 때 부족한 자금을 빌리거나 다른 이유로 빚을 낸 경우, 국가에 상납할 세곡의 결손을 보충하는 등 개별적인 이유를 통해 여객 주인을 정했다. 일정 지역에 거주하는 선상 전체를 대상으로 한 주인권도 발생했다. 한 예로 마포에 사는 임장휘林長輝는 용산방 도화동 내계桃花洞內契에 거주하는 선상들의 주인이 되었다.[87] 이처럼 경강에 도착한 선상은 어떠한 물종物種이라도 주인을 정하고 그에게 싣고 온 상품 매매의 중개를 맡기는 게 경강 내 규칙이었다.

18세기 이후 경강에서는 지방에서 오는 선상을 둘러싸고 여객 주인 간 분쟁이 빈번하게 발생했다. 조선 후기 강민 간의 분쟁 중 30여 년에 걸쳐 이루어질 정도로 사람들의 관심을 받은 것은 여객 주인권을 둘러싼 망원정·합정리 강민과 서강민 간의 소송이다. 1755년(영조 31) 이후 망원·합정리에 사는 강민들은 서강민에게 빙어선 영업권을 빼앗겼다고 왕에게 상언, 격쟁을 했다. 이들에게 빙어선 영업권은 생계를 위협하는 민감한 문제였다. 그리하여 영조는 1757년(영조 33) 홍양한을 강상어사江上御史로 임명하여 합정리·망원정 등 경강 지역을 시찰하도록 했다.

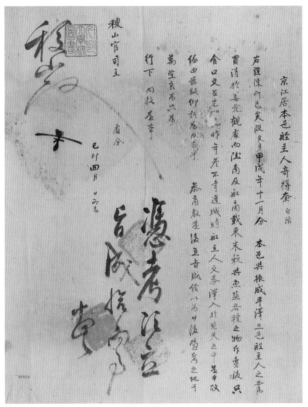

그림 18 경강에 사는 선주○
규의 소지, 규장각한국학연구

조선 후기 경강의 강민에게는 지역마다 해당 포구에서만 하는 특정 영업이 있었다. 망원·합정리 두 마을은 빙어선을, 서강은 전세·대동세·곡초穀草를 운반하는 선척을, 노량진은 수어선水魚船을, 마포는 청석어선靑石魚船을 접대하면서 살아갔다. 이렇듯 강민은 각기 본업을 지키며, 영업권을 서로 침해하지 않았다.[88]

각 포구의 독점 영업권은 18세기 중반부터 점차 경쟁 체제로 바뀌기 시작했다. 서강의 강민이 빙어선을 유인해 자기 지역의 포구에 정박시키는 일이 잦아진 것이다. 망원정과 합정리 강민은 자신들의 생업을 잃는다며 한성부에 호소했다. 1757년(영조 33) 강상어사 홍양한이 이 지역을 시찰할 당시 두 마을에 사는 가호는 400호에서 100여 호로 급격히 줄어든 상태였다. 빙어선이 점차 서강으로 옮겨 정박하게 되자 망원, 합정리의 강민이 생업을 잃고 떠나 버렸기 때문이다. 홍양한은 두 마을 주변으로 어영청과 총융청의 창고가 있어 방치할 수 없는 곳이므로 강민이 편안히 살 수 있는 방도를 요청했다. 이에 한성부는 빙어선의 서강 정박을 금하는 조치를 했다.

하지만 15년 뒤인 1772년(영조 48) 한성부 서윤庶尹 조재리趙載履는 영조에게 빙어선의 선박을 각 강 포구에 나누어 정박하도록 요청했다. 객상客商과 마찬가지로 선상船商 역시 자유롭게 자신들이 정한 주인에게 가야 한다는 논리였다. 한성부의 요청에 영조가 허락하자 망원·합정 두 마을의 빙어선 독점은 다시 좌절되었다.[89] 망원정·합정리 강민은 1774년(영조 50) 자신들의 지역으로 빙어선이 모두 정박할 수 있도록 형조에 청원했다. 이에 조정에서는 어선의 정박 문제는 각기 여객 주인에 따라 바뀌는 것이기 때문에 각처의 어선들은 주인권이 설정된 곳에 정박하도록 판결을 내렸다.

망원·합정리 강민은 수차례의 소송과 격쟁을 통해 억울함을 호소했다. 1780년(정조 4) 주민들은 정수鄭璲를 우두머리로 하여 정조 앞에서 격쟁을 했다.

저희가 사는 망원정과 합정리 두 마을은 총융청과 어영청의 창고를 지키는 지역이고 강도江都의 요충이 되는 길이기도 합니다. 국조國朝 초기부터 백성들이 먹고 살 길이 없어 빙어선氷魚船을 생업으로 삼아 왔습니다. 그런데 서강에 사는 정용택鄭龍澤, 임성태任成泰 등이 해마다 소란을 일으켜 분란이 끊이지 않았기 때문에 조정에서 옳고 그름을 조사한 뒤에 판결한 것이 여러 차례였습니다. 그러나 정용택 등이 다시 한성부에 소장을 올려 아직 판결이 나기도 전에 빙어선을 강제로 빼

앗아 마음대로 팔아 버려 백성들이 뿔뿔이 흩어질 지
경이 되었으니, 전례대로 판결해 주십시오.

―『일성록』, 정조 4년 9월 6일 신사

정수는 정용택·임성태 등 서강민의 빙어선 독점 등을 내세
우며, 망원·합정의 영업권을 호소했다. 그러나 청원 내용이 격
쟁 대상이 아니라는 이유로 정수의 요구를 받아들이지 않았다.
정수는 이에 굴복하지 않고 매년 격쟁을 계속했다. 이러한 정수
의 행동에 형조는 매우 무엄하다고 하며 법에 따라 처벌할 것을
주장했다.

빙어선의 정박 문제를 둘러싼 망원·합정리와 서강민의 분
쟁은 1786년(정조 10) 금군 최덕우에 의해 경강의 폐해로 언급될
정도로 당시 큰 이슈였다. 최덕우는 빙어선을 한곳에 정박하게
하는 것은 한 사람에 이익이 있는 '사私'로 생각했다. 이에 반해
여러 곳에 정박하게 하는 것은 모든 백성에게 이익이 돌아가는
'공公'으로 파악하여 이익이 한곳에 집중되는 것을 조정에서 철
저히 막아 달라고 요청했다.[90]

이처럼 망원·합정리 강민과 서강민의 분쟁에서 종래 빙어
선 영업권을 독점했던 망원·합정리 주민의 요구는 관철되지 못
했다. 지방에서 경강으로 들어오는 선상은 모두 정해 놓은 주인

이 있으며, 주인들은 비싼 값을 치르고 주인권을 매매했다. 따라서 선상은 원래 주인을 버리고 강제로 한곳에 정박할 수 없었다. 그런데 망원·합정의 주민들은 기존의 영업권을 지키기 위해 법사法司에 소송할 뿐 아니라 격쟁, 상언까지 하면서 30여 년간 송사를 진행했다. 이는 그만큼 상품유통 구조 속에서 주인 간의 경쟁이 치열했음을 보여 주는 것이라고 할 수 있다.

여객 주인권을 둘러싼 분쟁은 비단 망원·합정리와 서강민만의 문제는 아니었다. 흑석리에 사는 정만주鄭萬柱는 김포군에 소재하는 배 26척의 선주인船主人이었다. 그러나 마포의 임중욱林重郁, 흑석리 배지번裵枝蕃, 황복징黃福徵, 토정의 김사읍사리金沙邑沙伊 4인이 몰래 김포 선인船人들을 유인하므로 소송을 통해 환속한 것이 여러 차례였다. 임중욱은 통진 선주인으로 김포선 3척을 통진선안通津船案에 몰래 넣어 빼 갔으며, 배지번은 내수사 마름의 세력을 이용해 4척을 빼 가고, 황복징은 김포 주인이라고 하면서 6척을 빼 간 것이다. 이들은 처음에는 자신들에게 오는 선인을 차마 쫓아내지 못해 잘 접대했다고 하며 패소를 인정하는가 하더니 이후에도 여전히 김포의 배들을 유인하며 주인 영업을 해 재차 정만주와 갈등을 빚었다.[91]

흑석리에 사는 황복징 역시 1789년(정조 13) 김포에서 경강으로 오는 어선들이 자신들이 정한 여객 주인에 따라 정박해 줄 것을 한성부에 요청하였다.

저는 경강에 사는 백성으로 다른 생업은 없고 다만 김
포 선척이 서울에 도착하면 그들을 접대하며 살아가는
여객 주인 업을 400금金을 주고 매득하여 운영한 지 여
러 해가 됐습니다. 소위 접객接客하는 방법은 물종을 막
론하고 경강에 싣고 온 것은 원래 정한 주인의 이해에
따라 두루 살피고 검사하는 것이 팔강민八江民의 통행
규칙입니다. 그런데 어선이 이르자 북부 구역인 망원·
합정 두 마을의 사람과 서강 농암籠巖의 강민이 감히 어
선을 모두 정박할 계략을 세워 서로 소송을 해 조정에
서 각 강에 흩어져 정박하라고 엄한 처분을 내렸습니
다. 그래서 외읍外邑의 빙어선은 각 강의 원래 정한 주
인을 따라 정박하는데 경성의 무뢰 중도아中都兒들이
중간에서 억지로 잡아 강민의 생업을 빼앗았습니다.
제가 많은 돈을 주고 매득했는데, 원래 정한 주인은 다
만 빈 기지만 지켜 굶어 죽을 지경에 이르니 매우 원통
합니다.

　　　—「황복징 소지黃福徵所志(86928)」, 규장각한국학연구원

어선의 정박 문제로 이미 망원·합정리와 서강 농암민이 소송을 제기해 어선이 정한 여객 주인에 따라 각 강에 정박하라는 처분을 받았기 때문에 이후 김포의 선상들은 자신들이 정한 여객 주인을 따라 배를 정박했다. 그런데 중간에서 중도아들이 선상들을 가로채 자신의 지역으로 유인하는 문제가 생기자, 황복징은 이들의 폐를 한성부에서 막아 달라고 요청했다.

망원·합정의 강민 또한 빙어선에 만족하지 않고 용산·마포 강민의 생업인 청석어선을 자기 지역으로 유인해 이들과 분쟁을 겪고 있었다. 이때 용산·마포 강민 또한 "팔강 백성이 먹고 사는 것은 각기 그 길이 있어 서로 침탈하는 일이 없었다"라고 하며 청석어선에 대한 독점권을 주장했다. 이에 대해 한성부는 망원·합정리의 사례처럼 어선의 왕래는 주인을 따라가는 것이므로 정해 둔 곳이 없음을 강조했다. 과거에는 여객 주인이 모두 마포에 있었지만, 지금은 각 강에 흩어져 있기 때문에 마포에 모두 모이게 하는 것은 사리에 맞지 않는다는 처분을 재차 고수했다.[92] 어선은 각기 자신이 정한 주인을 따라 정박하는 것이 18세기 경강의 원칙이었다.

이처럼 18세기 경강 지역에서는 주인권을 둘러싼 강민 간 분쟁이 치열하게 전개되었다. 위의 사례들은 기존에 가지고 있었던 지역 포구에서의 독점 영업권이 붕괴되고 점차 각 포구

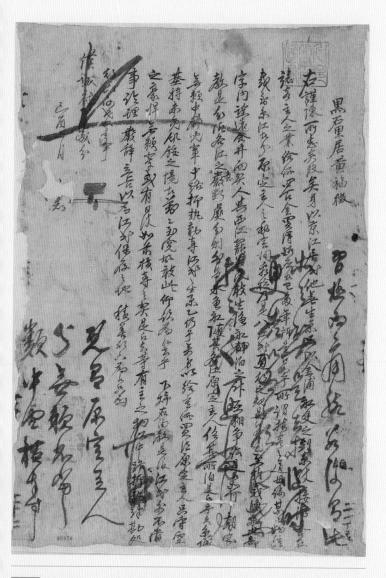

사이의 경쟁적 영업 체계로 바뀌는 과정에서 발생한 분쟁이었다.[93] 영업권을 지키려는 지역민과 새로 영업권을 확보하려는 다른 지역 강민과의 갈등이었으며, 여객 주인권이 설정된 어선을 다른 여객 주인이 침범했을 때 이를 지키기 위한 주인들 간의 분쟁이었다. 이는 18세기 중반부터 빈번하게 발생해 강민 간 갈등의 원인으로 작용하였다. 위의 망원정·합정리 강민과 서강 강민의 빙어선 영업 분쟁, 흑석리의 황복징, 정만주의 사례는 주인권을 확립시켜 자신의 영업권을 보장받으려는 강민의 움직임이었다.

용산방 도화동桃花洞 외계外契 주민의 집단 소송

주인권을 둘러싼 강민의 움직임은 1810년(순조 10) 한성부 서부 용산방 도화동 외계에서도 나타났다. 도화동 외계에 사는 강민 77명은 주인권을 행사하려는 김수인을 상대로 형조에 집단으로 연명하여 소지를 제출했다. 도화동 외계의 주민들은 조선 초부터 이곳에 살면서 선업船業으로 생계를 유지하며 어물을 싣고 오는 일을 하고 있었다. 그런데 마포에 사는 선주인船主人 김수인이 내외계內外契 주인이라고 하며 외계에까지 그 권한을 행사하려고 하자 외계 주민들은 그와 분쟁을 하게 되었다.

김수인은 1807년(순조 7) 김성유金聖柔에게 도화동 내계와 외계 두 마을의 선인들이 싣고 오는 절인 조기(鹽石魚)·빙어·청어·소금·땔나무·각종 곡물 등을 중개하는 주인의 권한을 350냥을 주고 매득했다. 그런데 도화동 내·외계 선인들 가운데 몰래 다른 곳으로 가거나 무뢰배가 멋대로 침어하는 폐해가 나타나자, 1808년(순조 8) 김수인은 도화동의 존위尊位에게 이 문제를 해결해 자신이 매득한 도화동 내외계 주인권을 행사할 수 있는 처분을 내려 달라고 소지를 올렸다. 도화동의 선인들이 다른 주인에게 가는 이유는 이전의 존위가 "내외계는 주인을 정하지 말라"고 처분을 내려 도화동의 선인들이 이를 핑계로 다른 곳으로 갔기 때문이다. 도화동 주민과 김수인 간의 갈등은 김수인이 주인권을 매득한 이후부터 계속 불거지고 있었다. 그러나 도화동 주민에게는 본 동洞의 입지立旨와 법사의 문건이 명백히 있었고 마을 주민들은 구문口文을 주는 선주인이 따로 있었기 때문에 존위는 김수인의 호소를 받아들이지 않았다.

1810년(순조 10) 2월 김수인이 도화동 내·외계 주인 문기에 대한 입지를 서부와 형조에서 발급받자, 3월 도화동 외계 주민 77명은 집단으로 연명한 소지를 형조에 올렸다. 외계의 주민들은 자신들은 지정해 둔 선주인이 없다고 하며 과거 김수인에게 처분한 "내계內契는 이미 매매 문기가 있으나 외계는 곧 다른 동이니 후에 거론하지 말라"는 존위의 처분을 근거로 제시하였다. 그러면서 김수인의 주인 문기가 위조되었다고 주장했다.

그러자 김수인은 4월에 소송을 주도한 도화동 주민 절충折衝 최성곤崔聖崑, 호위군관 연정진延廷鎭, 한량 이언유李彦裕, 양인

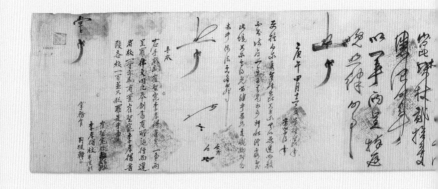

이효득李孝得 등을 이치에 맞지 않는데도 소송하기를 좋아하는 비리호송非理好訟의 죄로 처벌해 줄 것을 형조에 호소했다. 이들 4인이 소송의 판결이 이루어지지 않았음에도 한 사안에 대해 형조와 한성부 두 법사法司에 소장을 올렸기 때문이다. 형조에서는 소송의 승패와 관계없이 이들을 한 사안으로 두 군데 소지

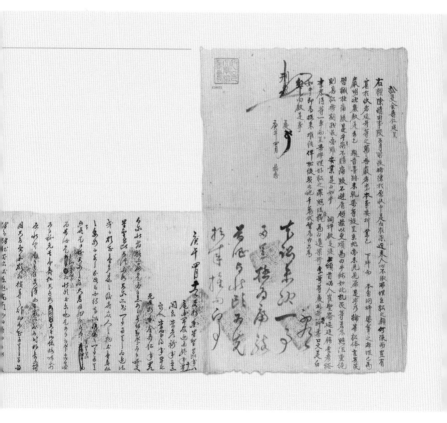

를 바친 죄(一事兩呈罪)로 장 100대에 처했으나, 주창자인 최성곤은 나이가 81세인 관계로 죄를 면하기 위해 바치는 돈인 속전贖錢을 내도록 했다.

이처럼 도화동 주민과 김수인 간의 주인권 분쟁은 소송을 주도한 주민들이 비리호송을 이유로 장을 맞는 등 격화되었다. 그러한 가운데 외계 주민들은 칠패七牌에 사는 박지흥朴枝興에게 주인권을 팔게 된다. 이들이 주인권을 판 이유는 마을 안에 있는 '영당影堂'의 수리와 관련이 있었다. 도화동에는 조선 초기부터 태조대왕의 영당이 있어 지역 주민들이 관리했다. 그런데 영당이 오래되어 기울어지고 무너지게 되자 대대적인 개보수 공사를 진행하게 되었다. 외계 주민들은 영당 수리에 힘쓴 사람들에게 어선의 주인권을 주자는 의견을 제시하여 존위는 공의公議에 따라 완문完文을 만들어 칠패 민에게 외계의 주인 권리를 주었다.

그러자 김수인은 주인권을 이중으로 팔았다며 김성유에게 매득한 내외계 주인권을 행사하고자 했다. 한성부는 김수인에게 주인권을 판 김성유를 불러 조사한 결과 그가 판 주인 문기에 의심할 만한 것이 있음을 확인했다. 이에 한성부는 김성유에게 장杖의 처벌을 내림과 함께 위조 문건을 없애 버리고 김수인에게는 다시는 외계의 주인권을 거론하지 말라는 다짐을 받으

며 소송을 마무리했다.[94]

　도화동 외계 주민과 김수인과의 분쟁에서 보듯이 18-19세기 경강에서는 선적 화물의 매매·중개·보관 및 선상의 숙박 등에 종사하는 여객 주인·선주인·식주인 등으로 불리는 주인층과 강민 간의 갈등이 많았다. 이러한 주인으로서의 영업권은 경제적 이득을 가져다주기 때문에 거액으로 거래되었고 그 과정에서 조작된 문기로 인해 여객 주인 간 많은 분쟁이 있었다.

조선시대 서울, 경강, 강민

조선시대 서울은 공간적으로 두 층위의 경계가 명확하다. 하나는 궁궐·종묘사직을 비롯한 한양도성의 경계 안이며, 하나는 도성 밖에서부터 한강(경강)의 물줄기 안이다. 이러한 두 층위의 공간은 조선 전기에는 '서울 안(京中)' 및 '도성 안'과 '성저십리'로 양분해서 지칭했다. 후기에 이르면 좀 더 공간을 세분화해서 '도성 안', '도성 밖 4교(郊)', '경강 변'으로 구분해 불렀다. 즉 조선 전기 도성 밖 성저십리 지역이 도성 밖 4교와 경강 변으로 분화된 것인데, 이러한 변화는 해당 공간의 물리적 변화, 발전을 의미한다.

조선의 도읍지였던 서울은 계획도시였다. 북악·인왕·남산·낙산 등 사방의 산줄기를 도성의 경계로 삼고, 주요 가로 체계를 구현하면서 도시 공간을 완성해 나갔다. 도성의 존재는 성 밖 지역으로 도시를 확장하는 데 제한 조건으로 작용했다. 따라서 조선 전기에는 도성이 한성부를 양분하는 경계선이 되어 이를 중심으로 도성 안 경중과 도성 밖 성저십리를 엄격히 구분했다. 즉 도성은 도시와 비도시적 삶의 경계였다.

이러한 삶의 경계는 조선 후기 급격하게 불어나는 서울의 인구로 인해 허물어졌다. 도성 안의 공간만으로는 서울의 인구를 수용할 수 없자 사람들은 도성 밖, 특히 경강 주변으로 이동하기 시작했다. 중앙 군제의 변화에 따른 군병의 도성 집중, 상경 이농인의 서울 유입, 경강 변 상업 발달로 인구가 증가하면서 도성 내부에 국한되어 있던 서울의 실질적인 공간 범위는 확장되기 시작했다. 이 과정에서 도시 경계로서의 도성의 기능은 상실되었고, 도성 내외부가 통합된 공간 구조로 개편되기 시작했다. 도성 밖 사람들의 거주는 새로운 마을을 형성하게 하고 행정구역이 신설되는 변화를 가져왔다. 그 결과 조선 후기 경강에 신설된 용산방·서강방·두모방·둔지방·한강방 등은 20%가 넘는 서울 인구가 사는 지역으로 변모했다.

경강의 강민은 한성부 상업 발달로 지역의 경제적 규모가 커짐에 따라 강 주변으로 각종 상권과 이권을 둘러싼 다양한 세력과 치열한 생존경쟁을 펼치며 대립하였다. 자신의 경제적 침탈을 해결하기 위해 강민 간 상호 대립했으며, 공권력을 이용한 관속과 충돌하기도 하였다. 이러한 갈등은 경제 활동을 둘러싼 분쟁, 폭행 및 살인, 집단 소요 등 다양한 형태로 표출되었다.

강민들은 자신의 경제권이 침탈당하지 않도록 상언이나 격쟁·정소 등을 통해 억울함을 호소하였고, 이러한 행위는 중앙정부나 도성 안 사람들에게 '소송을 좋아하는 사람', '이익만을 일삼는 모리배'라는 인식을 주었다. 그리하여 강민은 도성 안 경민에게 '강사람'으로서의 대우를 받는 것이 아니라 '강가에 사는 놈'으로 멸시를 당하기도 했다.

하지만 강민은 이에 굴하지 않고 계층적 구성이 다양화되어가는 상황 속에서도 사회·경제적 변화에 즉각적으로 반응하면서 능동적으로 대처했다. 신분이나 계층적 이해관계가 서로 달랐음에도 생활에서 느끼는 사회 모순에 대해서는 동일한 연대의식을 가지고 집단 대응을 하는 존재였다.

강민은 고종 대 경복궁 중건에서도 자원군으로 참여해 적극적인 활동을 펼쳤다. 자원군은 지역의 깃발을 들었는데, 경강 지역 자원군의 '오강기五江旗'가 가장 크고 화려했다. 강민은 물품과 돈을 지원하기도 했다. 서강에 거주하는 김형섭은 150명이 3일간 일하는 비용만큼을, 정인검은 70명이 3일간, 이순민은 50명이 3일간 일하는 만큼의 비용을 지원했다. 현석리에 사는 반민 김인성은 자원군에게 먹이기 위해 쇠고기 300근, 절병折餅 2,400개, 탕湯 세 항아리, 청주 서른 동이를 공급했다. 마포에 사는 이의상은 새우젓 반 항아리, 굴젓 세 항아리, 조기젓 세 묶음, 장조림(醬肉) 두 항아리, 청주 열 동이, 익힌 고기(熟肉) 열 근, 담배(南草) 열 근이었다. 이들이 가져온 음식은 자원군 200명에게 며칠 동안 제공되었다.

현재의 강민들은 어떠할까. 조선시대 한강은 지속과 변화를 거듭해 왔으며, 근대화 과정을 거치면서 가속화되었다. 번성했던 마포·서강·용산 등 한강 변 포구들은 사라져 버리고, 밤섬은 폭파되어 사라졌다. 강민 역시 뒤바뀐 한강의 환경을 품에 안으며 변화, 발전했다. 곰곰이 생각해 보니 필자의 할아버지 역시 강민이었다. 마포에서 생선·젓갈 장사를 하셨으니 말이다. 현재의 마포는 필자가 어릴 적 할아버지 댁에 놀러 갔을 때와는 딴판이다 싶게 아파트로 뒤덮인 곳이 되었다. 내심 궁금해진다. 오늘날 한강 주변에 거주하는 강민은 어떤 특성을 지니고 살아가는 사람들일까.

주석

1   이현군, 「지리적 상상력으로 한강을 가다」, 『경강: 광나루에서 양화진까지』, 서울역
    사박물관, 2017, 25쪽.

2   『대동지지』 한성부, 古邑.

3   서울특별시사편찬위원회, 「사남기」, 『서울지명사전』, 2009.

4   『신증동국여지승람』 권11, 경기 고양군.

5   『비변사등록』 34책, 숙종 4년 6월 9일.

6   서성호, 「조선초 한강의 위상과 연안 지역의 현황」, 『서울학연구』 23, 서울시립대 서
    울학연구소, 2004, 2-9쪽.

7   박평식, 「朝鮮前期의 都城商業과 漢江」, 『서울학연구』 23, 서울시립대 서울학연구소,
    2004, 79-80쪽.

8   서성호, 앞의 논문, 2004, 10-14쪽.

9   이종묵, 『조선시대 경강의 별서 동호편』, 경인문화사, 2016.

10 『동문선』 권80, 「기 오대산 서대 수정암 중창기」.

11 이종묵, 앞의 책.

12 『일성록』, 정조 20년 3월 25일; 『홍재전서』 권177, 「일득록 17·훈어 4」.

13 이규상, 「江上說」, 草稿本 『一夢稿』 文稿(을). 안준석, 「이규상(李奎象)의 《강상설(江上
    說)》과 《서호죽지가(西湖竹枝歌)》에 대하여」, 『국문연구』 33호, 국문학회, 2016, 180
    쪽에서 재인용.

14 안준석, 앞의 논문, 2016, 180쪽.

15 서울특별시사편찬위원회, 「松溪洞」, 「무쇠막고개」, 『서울지명사전』, 2009.

16 『비변사등록』 43책, 숙종 15년 12월 15일.

17 고동환, 『조선 후기 서울상업발달사연구』, 지식산업사, 1998, 69쪽.

18 『비변사등록』 53책, 숙종 29년 8월 1일.

19 고동환, 앞의 책, 1998, 82-83쪽.

20 『비변사등록』 59책, 숙종 34년 8월 21일.

21 『비변사등록』 90책, 영조 7년 8월 14일.

22 『만기요람』 군정편 1, 「포도청 순라자내」.

23 『우포청등록』 권10, 을묘(1855년, 철종 6) 5월.

24 『만기요람』 군정편 1, 「순라 총례」.

25 『비변사등록』 153책, 영조 45년 9월 24일.

26 『비변사등록』 188책, 정조 22년 12월 30일.

27 『승정원일기』 1970책, 순조 9년 8월 23일.

28 『일성록』, 정조 23년 8월 22일.

29 권혁희, 『밤섬마을의 역사적 민족지와 주민집단의 문화적 실천』, 서울대학교 박사학
위논문, 2012, 85쪽.

30 『비변사등록』 172책, 정조 12년 4월 5일.

31 『승정원일기』 1351책, 영조 50년 5월 9일.

32 『일성록』, 정조 10년 4월 8일.

33 『일성록』, 정조 19년 6월 17일.

34 고동환, 「조선후기 경강지역 행정편제의 변동과 인구추세」, 『서울학연구』 24, 서울시
립대 서울학연구소, 2005, 19-22쪽.

35 『중종실록』 권103, 중종 39년 6월 4일.

36 이종묵, 「17세기 새롭게 등장한 마을 응봉 기슭의 신촌」, 『문헌과 해석』 68, 문헌과해
석사, 2014, 129-131쪽.

37 『승정원일기』 410책, 숙종 29년 2월 26일; 『비변사등록』 97책, 영조 11년 윤4월 12일;
『일성록』, 정조 10년 4월 1일.

38 『세종실록』 권19, 세종 5년 2월 16일 정묘; 『문종실록』 권7, 문종 1년 4월 21일 기축.

39 이종묵, 「조선시대의 밤섬과 여의도」, 『한강의 섬』, 마티, 2009, 64쪽.

40 『명종실록』 권20, 명종 11년 4월 4일(임진).

41 변주승, 「숙종 23년 都城流丐栗島收容策의 시행과 그 결과」, 『전주사학』 4, 전주대학
교 전주사학연구소, 1996, 159-162쪽.

42 권혁희, 앞의 논문.

43 이지원, 「17·8世紀 서울의 坊役制 運營」, 『서울학연구』 3, 1994.

44 고동환, 「조선 후기 장빙역의 변화와 장빙업의 발달」, 『역사와 현실』 14, 한국역사연

구회, 1994.

45 『일성록』, 정조 8년 5월 7일.

46 고동환, 앞의 책, 1998, 262-265쪽.

47 박록담, 「삼해주(三亥酒)」, 『한국의 전통명주 1: 다시 쓰는 주방문』, 2005, 코리아쇼케이스.

48 『일성록』, 정조 19년 11월 28일; 『증보문헌비고』 권14, 「형고」 금주(禁酒) 조선 헌종 4년.

49 『우포도청등록』 6책, 계축(1853, 철종 4) 3월 23일.

50 『비변사등록』 245책, 철종 9년 5월 20일.

51 『우포도청등록』 10책, 을묘(1855, 철종 6) 5월.

52 『우포도청등록』 15책, 경신(1860, 철종 11) 11월 14일 전령 사평리.

53 고동환, 「경강상인의 상업활동」, 『경강: 광나루에서 양화진까지』, 서울역사박물관, 2017, 68쪽.

54 『비변사등록』 160책, 정조 3년 정월 10일.

55 『우포도청등록』 10책, 을묘(1855, 철종 6) 3월 초8일.

56 『비변사등록』 159책, 정조 2년 12월 28일.

57 고동환, 앞의 책, 1998, 246-248, 255쪽.

58 『승정원일기』 인조 13년 을해 6월 29일.

59 『심리록』 권24, 갑인년(1794, 정조 18) 1 서울 서부 이광인 옥.

60 『일성록』, 정조 8년 윤3월 25일; 『심리록』 권3 경자년(1780, 정조 4) 1 서울 서부 박세근(朴世根) 옥.

61 『우포도청등록』 제10책, 갑인(1854, 철종5) 12월 24일.

62 『일성록』, 정조 8년 윤3월 25일; 『심리록』 제11권 갑진년(1784, 정조 8) 1 서울 서부 임지욱 옥사.

63 고동환, 앞의 책, 1998, 425쪽.

64 이욱, 「19세기 서울의 미곡유통과 쌀폭동」, 『동방학지』, 2006, 96-97쪽.

65 강만길, 「경강상인연구-조선 후기 상업자본의 성장」, 『아세아연구』 14, 1971; 이욱, 앞의 논문, 101쪽.

66 강만길, 앞의 논문, 39-43쪽.

67 이욱, 앞의 논문, 124쪽.

68 『비변사등록』 52책, 숙종 28년 10월 8일.

69 『일성록』, 철종 1년 2월 23일.

70 『일성록』, 정조 19년 5월 25일; 『심리록』 권26, 서울 서부 전치눌 옥사.

71 이들 사건과 관련한 자료는 다음과 같다. 『일성록』, 순조 1년 9월 12일; 『일성록』, 순조 19년 윤4월 19일; 『일성록』, 철종 1년 2월 3일(병인); 『추조결옥록』 권3, 순조 34년 9월(갑오) 서부 동몽 이만철 격쟁; 『추조결옥록』 권7, 기유 3월 중부 양인 송도야지.

72 『일성록』, 철종 4년 8월 29일.

73 최완기, 『조선시대 서울의 경제생활』, 서울학연구소, 1994, 202-203쪽; 고동환, 앞의 책, 1998, 251쪽.

74 『우포도청등록』 6책, 신해(1851, 철종 2) 동월 초7일.

75 『승정원일기』 800책, 영조 11년 윤4월 18일

76 『일성록』, 정조 10년 정월 22일.

77 한상권, 「서울시민의 삶과 사회문제」, 『서울학연구』 창간호, 서울시립대 서울학연구소, 1994, 82-84쪽.

78 『비변사등록』 175책, 정조 13년 12월 12일; 『비변사등록』 175책, 정조 13년 12월 21일.

79 김의환, 「17-18세기 서울과 京江일대의 소금 유통」, 『국사관논총』 96, 국사편찬위원회, 2001, 45-51쪽.

80 『일성록』, 정조 12년 4월 13일; 『비변사등록』 176책, 정조 14년 정월 6일; 『승정원일기』 1676책, 정조 14년 4월 4일.

81 김동철, 「18세기 坊役制의 변동과 馬契의 성립 및 都賈化 양상」, 『韓國文化研究』 창간호, 부산대학교 한국문화연구소, 1988, 125-128쪽.

82 김동철, 앞의 논문, 135-138, 142쪽.

83 『비변사등록』 97책, 영조 11년 윤4월 12일.

84 『승정원일기』 799책, 영조 11년 윤4월 15일.

85 김동철, 앞의 논문, 144쪽.

86 『영조실록』 권40, 영조 11년 12월 1일.

87 이병천, 「朝鮮後期 商品流通과 旅客主人」, 『경제사학』 6, 경제사학회, 1983, 107-110쪽.

88 『일성록』, 정조 13년 12월 14일.

89 『승정원일기』 1351책, 영조 50년 5월 9일.

90 『일성록』, 정조 10년 정월 22일.

91 규장각한국학연구원, 「西江坊黑石里居鄭萬柱(86951)」, 『고문서』 24책, 2002, 439-440쪽.

92 『비변사등록』 175책, 정조 13년 12월 12일.

93 경강 포구 간 경쟁적 영업체제가 나타나는 과정에 대해서는 고동환, 『조선 후기 상업
    발달사』 245-257쪽; 고동환, 「조선 후기 경강의 냉장선 빙어선 영업과 그 분쟁」, 『서
    울학연구』 69, 2017 참조.

94 규장각한국학연구원, 「金壽仁原情(87021)」, 「崔聖崑等招辭(86961)」, 「金壽仁白活
    (86965)」, 「金壽仁白活(86938)」.

참고문헌

『대동지지』, 『동국여지비고』, 『동국여지지』, 『육전조례』, 『만기요람』, 『비변
　　사등록』, 『승정원일기』, 『신증동국여지승람』, 『심리록』, 『우포청등
　　록』, 『일성록』, 『조선왕조실록』, 『증보문헌비고』, 『팔도군현지도』,
　　『홍재전서』, 2002.

규장각한국학연구원, 『고문서』 24, 2002.
서울특별시사편찬위원회, 『서울지명사전』, 2009.
한국국학진흥원, 『愛日堂具慶帖』.

고동환, 『조선 후기 서울상업발달사』, 지식산업사, 1998.
고동환 외, 『경강: 광나루에서 양화진까지』, 서울역사박물관, 2017.
박록담, 『한국의 전통명주 1: 다시 쓰는 주방문』, 코리아쇼케이스, 2005.
유승희, 『민이 법을 두려워하지 않는다』, 이학사, 2014.
이종묵, 『조선시대 경강의 별서 동호편』, 경인문화사, 2016.
최완기, 『조선시대 서울의 경제생활』, 서울시립대학교 서울학연구소, 1994.

고동환, 「조선 후기 장빙역의 변화와 장빙업의 발달」, 『역사와 현실』 14, 역
　　사비평사, 1994.
_____, 「조선 후기 경강지역 행정편제의 변동과 인구추세」, 『서울학연구』
　　24, 서울시립대학교 서울학연구소, 2005.
권혁희, 『밤섬마을의 역사적 민족지와 주민집단의 문화적 실천』, 서울대학

교 박사학위논문, 2012, 85쪽.

금의환, 「17-18세기 서울과 京江일대의 소금 유통」, 『국사관논총』 96, 국사
　　　편찬위원회, 2001.

김동철, 「18세기 坊役制의 변동과 馬契의 성립 및 都賈化 양상」, 『한국민족
　　　문화』 창간호, 부산대학교 한국민족문화연구소, 1988.

박평식, 「朝鮮前期의 都城商業과 漢江」, 『서울학연구』 23, 서울시립대학교
　　　서울학연구소, 2004.

변주승, 「숙종 23년 都城流丐栗島收容策의 시행과 그 결과」, 『전주사학』 4,
　　　전주대학교 전주사학연구소, 1996.

서성호, 「조선 초 한강의 위상과 연안지역의 현황」, 『서울학연구』 23, 서울
　　　시립대학교 서울학연구소, 2004.

안준석, 「이규상(李奎象)의 《강상설(江上說)》과 《서호죽지가(西湖竹枝歌)》에
　　　대하여」, 『국문학연구』 33호, 국문학회, 2016.

유승희, 「17~18세기 도성 밖 治安策의 확립과 漢城府民의 역할」, 『향토서
　　　울』 제74호, 서울과 역사, 2009.

이병천, 「朝鮮後期 商品流通과 旅客主人」, 『경제사학』 6, 경제사학회, 1983.

이종묵, 「조선시대의 밤섬과 여의도」, 『한강의 섬』, 마티, 2009.

＿＿＿, 「17세기 새롭게 등장한 마을 응봉 기슭의 신촌」, 『문헌과 해석』 68,
　　　문헌과해석사, 2014.

이지원, 「17~8世紀 서울의 坊役制 運營」, 『서울학연구』 3, 서울시립대학교
　　　서울학연구소, 1994.

한상권, 「서울시민의 삶과 사회문제」, 『서울학연구』 창간호, 서울시립대학
　　　교 서울학연구소, 1994.